楊岳斌傳

范诚 著

岳麓書社·长沙

杨岳斌像，原件藏湖南省博物院

目 录

第一章　峒河少年

在湘西土家族苗族自治州的州府吉首市，有一条叫峒河的小河。它发源于云贵高原东部凤凰县的腊尔山高地，一路欢笑着，奔跑着，向着下游哗哗流淌。

这一带属于典型的喀斯特地貌，山峦层叠，溪沟纵横。随着山势的变化，峒河像是一条失落在这大山峡谷中的绿色飘带，飘舞着，缠绕着一座座大山，七弯八拐，蜿蜒曲折，在两岸冲击出一片片平地。当地苗族老百姓依山筑房，临水而居，耕耘着这片田园，生生不息。

峒河从上游矮寨一路下来，经过坪朗、寨阳，到了一个叫狮子庵的地方。这里地势相对平坦，是湘西地区难得的大盆地。峒河从中间流过，两岸冲击出很宽的平地，开垦出一大片良田，养育着这方百姓。

在峒河下游的出口处，有一座巨大的石山，状如一头狮子蹲在那里，守护着这方水土。在狮子山上，建有一座寺庙，名叫“宝狮寺”，里面亭台楼阁，梵音袅袅，成为附近有名的建筑和佛教圣地。但当地老百姓，却习惯称这一带为狮子庵。

因为地理位置好，离当时的乾州直隶厅政府机关很近，清朝初年，政府为了加强对这方地域的统治，在这里设立了一个兵营，叫做冲角营[1]，主要是作为清朝军队的后勤供应基地，同时，也有部分驻军。

据当地人传说，这座狮子山是把守水口的。这个地方有狮子把门，

1 冲角营，现为吉首市石家冲街道下辖的曙光村。

在中国传统的风水学上，是要出大人物的“风水宝地”。但历史以来，这里的老百姓靠辛勤耕耘，也仅能养家糊口，并没有出现什么“大人物”。

时间到了清道光二年（1822）农历十一月初九日半夜时分，冲角营附近的一所老百姓房子里，诞生了一个男孩，那就是后来大名鼎鼎的湘军水师大将、曾任陕甘总督的杨岳斌。他也是湘西土家族苗族自治州和吉首市历史以来有文字记载的职务最高的人物。

杨岳斌的故居位于盆地中一座小山下面，后山高耸，似一条长龙，蜿蜒起伏，歇伏于此。房子的左后边是一座高山，高高耸立，山顶呈官帽状，俗称“官帽山”。房子的右后边，有一座尖山，似一件尖利兵器，直刺天空。房子前面地势开阔，可看到远处的狮子山。屋前有一土台，远有朝案重重，又有狮子把守水口，呈现出很好的风水格局。

据清同治三年（1864）宏农堂辑修的《杨氏族谱》记载，杨氏始迁祖杨明禹，“康熙时由宝庆府东关桥杨谷脑迁居乾州厅冲角营”，娶黄氏，生下儿子光瑛。光瑛娶吴氏，生下三个儿子昌文、昌道、昌明。昌文又生下三个儿子胜位、胜和、胜儒。其中胜儒也叫胜德，即为杨岳斌的祖父。胜儒生两个儿子云祖和秀贵，大儿子云祖在苗乱中下落不明。这秀贵，便是杨岳斌的父亲。

杨秀贵，号宝臣，生下两个儿子载福[1]、载寿，这载福就是杨岳斌。

在吉首市，一直有一种传说，杨家祖先最早是迁居到乾州厅（今吉首市）坪年村的，直到杨岳斌父亲杨秀贵升官发财后，才举家搬到寨阳乡的冲角营定居。

坪年村是一个十分偏僻的地方，靠近有名的矮寨，现属矮寨镇管辖。一条发源于吕洞山的恰比河从那里穿过，沿河有良田数百亩，是一个十分安静宜居的地方。只是交通极不方便，以前人们只能沿着恰比河，弯弯曲曲行走，才能到达冲角营，进入乾州厅。

1 杨岳斌，原名载福，字厚庵。同治元年（1862），为避同治皇帝（载淳）讳，由曾国藩建议改名岳斌，取文武兼备之意。本传为称呼方便，直接称为杨岳斌。

峒河流经冲角营，正前山顶为官帽山。杨岳斌故居位于山下左侧

按说，杨岳斌祖籍是湖南宝庆府，宝庆府管辖的地方就是现在的湖南邵阳市和娄底市所辖部分地域，府城就是今邵阳市。相对于当时的湘西乾州厅来说，宝庆府是一个人多、热闹而繁华的地方。杨家从宝庆府迁到乾州厅，一定会选择离城市比较近的地方。而狮子庵一带，紧靠峒河，有山有水，有良田大片，正是乾州厅郊区最好的地方之一。因此，杨家的先祖选择到这里。这也印证了《杨氏族谱》的记载。

至于后来随着杨家的发展，他们的后裔迁到坪年村，买下土地并定居下来，完全是可能的。

根据《清史稿》的记载，“（杨岳斌）祖胜德，乾隆末，从剿苗，战殁永绥”。杨岳斌的祖父杨胜德，随清军镇压乾嘉苗民起义，战死于永绥（今花垣县）雅西镇的黄瓜寨。其经过大致是这样的。

黄瓜寨是位于花垣县雅酉镇的一个高山小寨，因寨后的那座高山——黄瓜山而得名。黄瓜山海拔 1130 多米，是花垣的最高峰，耸立在花垣的西南角上。这里曾经是湖南至贵州的交通要道，旧称官道，地处花垣、凤凰和贵州松桃的分界线上，是一个天高皇帝远的地方。

自清朝统治以来，推行“改土归流”政策，大批官兵、地主、商客到苗疆大量兼并土地，掠夺财富，苗民政治上受压迫，经济上受剥削，军事上受管制，民族矛盾和阶级矛盾日益激化。

黄瓜寨有个苗族汉子叫石三保，出生于 1746 年，长得高大威猛，为人正直刚强，颇有胆识，在当地享有崇高的威望，被推为寨长。

石三保喜爱结交，在湘黔边境很有声望，因而周围聚集了一大帮朋友。

史载，乾隆六十年（1795）农历正月初四，永绥厅雅酉汛黄瓜寨寨长石三保，借春节拜年串门之机，邀请乾州厅的吴八月，凤凰厅的吴天半、吴陇登，贵州松桃县的石柳邓等苗族头领云聚黄瓜寨，共商反清大事。商定于二月初六举行总起义，然后分头回去筹备。没想到，石柳邓在操练兵马时被官兵发现，遭到围捕，只得提前起事。石三保闻讯，在黄瓜寨举兵援助，起义就此拉开帷幕。

起义军攻城堡、战官兵，势如破竹，所向披靡。石三保率领的义军迅速占领了永绥厅城。两三个月内，战火烧遍湘、黔、川3省6府13个厅县，参加义军的苗汉人民达20余万人。

清朝政府闻讯后极为震惊，急调7省18万兵力，由时任云贵总督福康安、四川总督和琳为正副统帅，分四路合击义军。

面对强敌，义军运用“官有万兵，我有万山，其来我去，其去我来”的游击战术，与清军周旋。在几大战役中，均给清军以重创。

四月初六日，福康安率云、贵、川3省主力，向黄瓜寨进攻。黄瓜寨地势险要，易守难攻。石三保将道路挖断，布下陷阱，堆滚木擂石于高坡，凭天险抗击清军。作战中，清军死于滚木擂石和掉进陷阱者不计其数。后来清军采用火攻，形势紧急。石三保发誓：“宁守乡土死，不弃父老生。”众义军同仇敌忾，与清军血战三昼夜。眼看寡不敌众，石柳邓力劝石三保放弃黄瓜寨，保存实力。石三保只得率众杀出一条血路，离开黄瓜寨。清军进寨后，福康安下令挖石三保的祖坟7座以泄愤。

杨岳斌的祖父杨胜德，正是在黄瓜寨围剿起义军时战死的。诰赠昭武都尉，晋赠武显将军，又晋赠振威将军。

杨岳斌的父亲杨秀贵，生于乾隆壬子年（1792）九月初七日。杨胜德战死时，杨秀贵才3岁多。虽然有一定抚恤，但孤儿寡母，度日艰难。杨秀贵小时候跟随母亲以砍柴割草为生，长大后，活泼好动，性格外向，好交朋结友。他先在所里（今吉首老城）游击衙门当兵勇，因年轻气盛，顶撞上司，被除名，流落江湖。27岁才成婚，娶妻向氏。30岁时，儿子杨岳斌出生。后经好友父亲的推荐，补入泸溪行伍，从此时来运转。先以荫官任临湘县外委，后升长沙抚标把总、千总、守备，再升直隶独石口都司、游击、副将。60岁时退役，居住乾州。卒于光绪己卯年（1879）八月初六日，诰封武显将军，晋封振威将军。葬于吉首市坪山坡一处虎形地上。

传说杨岳斌出生时，正是半夜，其母梦见蛟龙缠身，疼痛不已，大汗淋漓。接着，生下一男婴，取名载福，字厚庵。

因为“蛟龙”投胎转世，杨岳斌自小爱水。据说小时候爱哭爱闹，但只要打上一盆水，把他放进澡盆中，他便不哭不闹了，在水中玩耍，自得其乐。传说他 3 岁能游泳，4 岁能漂滩，5 岁能划船。长大一点，每到夏天，成天在屋前的峒河及附近溪潭里游泳嬉戏，皮肤晒得黝黑黝黑，像一条光溜溜的泥鳅。

冲角营附近，有一个龙孔潭，水深莫测，当地一些成人都望而生畏。杨岳斌却经常到潭里潜水捡石头，摸鱼捞虾，人们都叫他“水鸦子”。

他的水上功夫极好，游泳起来，像“浪里白条”，只见水花四溅，一个人像鱼一样，向前跃进，把同伴们甩得远远的。他的“扎猛子”功夫更是厉害，一扎下去，可以闷几分钟，在水底潜行上百米。他练就的这一身过硬的水上功夫，为他日后创建湘军水师，立功战场，打下了坚实的基础。

杨岳斌虽然出身于军人世家，但父亲升官较晚，常年在外，对他们母子照顾很少，使他从小就过上底层的生活。7 岁时，他带着弟弟到私塾读书，3 年后就辍学了，跟着母亲割马草卖度日。当时所里（今吉首老城）驻有游击兵营，设有专门的马场在五辆车（老农校附近），一年四季收购马草。

杨秀贵对杨岳斌兄弟的管教是很严厉的。他从自己的亲身经历中认识到，在湘西这个落后地方，想依靠读书求取功名是很难的，只有从军。他希望儿子长大后能超过自己，当一名将军。因而从小就对他们进行军事方面的训练。每次回家时，就教他们武术，要他们坚持训练。

但因为杨秀贵长期在外地当官，对杨岳斌不能直接管束。杨岳斌同当地孩子一样，十分野性，不能安静地读书，成天和同学们打闹，爬树掏鸟窝，下水捕鱼，骑马射箭，驱狗狩猎，不亦乐乎。正是在这种野性的熏陶中，他训练出一副强健的体魄和过人的胆识。

杨岳斌虽然读书不多，但写得一笔好字，爱好唐诗，能背诵很多唐诗。

杨岳斌小时候，经常到狮子庵附近割马草。有一天，他在狮子庵宝

吉首市矮寨镇坪年村一角

狮寺里玩，看到一个老和尚用手将大块的木柴劈断，臂力惊人，感到很惊奇。

其实，老和尚也注意到这个孩子。孩子的左边眉头上有一颗绿豆大小的痣，呈暗红色，俗称“朱砂痣”。根据老人的经验，这个位置长“朱砂痣”的人，长大以后会成就一番大事业，尤其是军功显赫，所以觉得这孩子相貌不凡。

杨岳斌问老和尚这是什么功夫，可否教他。老和尚笑着告诉他，这是多年练成的功夫，接着又向他表演了几招。杨岳斌更觉得好奇了，表示愿意学功夫。

老和尚问明孩子的家世后说，你出自将门，可以学一点功夫，将来会有用场。于是，杨岳斌立即跪下，拜老和尚为师，经常去学习功夫。

这个老和尚俗姓宽，法名法能，原是四川峨眉山的大僧。当年下山云游，路过狮子庵，见这里山水有灵气，就住下来做住持。老和尚教杨岳斌杨家将八大手，以及十二套拳脚，又教他气功。杨岳斌学习认真，进步很快，一练多年。

有一次，宝狮寺做法事，香客云集。老和尚趁机要杨岳斌表演一番。杨岳斌遵命，初试身手，用手劈柴，扭柴烧火，引得香客们阵阵喝彩。其后，师父对他说，你可以出师了，去闯自己的事业吧。

道光十七年（1837），杨岳斌 15 岁。因父亲杨秀贵赴临湘汛任外委职务，杨岳斌跟着父亲来长沙读书。假期，跟着父亲在军营学习射箭骑马等各种武艺。

18 岁，在父亲的操持下，入乾州厅协台衙门当兵（挂名）。

20 岁，奉父母之命，结婚成家。妻子罗氏，道光甲申年（1824）生，时 18 岁。祖籍江西赣州，家族在乾州有产业，是大户人家。

21 岁，大儿子杨正宜出生。

22 岁，父亲杨秀贵升长沙协都司，杨岳斌随营。

道光二十五年（1845），杨岳斌 23 岁，因刀矛骑射武艺精熟，在省城小有名气，湖广总督裕泰安排他与诸子操练，并派充标营教习。

第二章　参加清军

杨岳斌长大后，因为读书不多，不能像一般读书人一样，参加各种考试，去博取功名，而是走湘西人常走的一条路，就是通过从军，来改变自己的人生。

湘西这个地方，同湖南大部分地方一样，素有尚武的传统。而且相比其他地方，有过之而无不及。即年轻人寻找出路，大多走当兵吃粮的路子。立功疆场，博取功名，以便能出人头地。

杨岳斌在这方面，还有其他人无法比拟的优势。因为他出生于军人世家，祖父为镇压乾嘉苗民起义战死，按清朝的规矩，后代可以得到相应的封赏。而他的父亲当时也当上军官，正处于上升通道中，所以对他的安排，自然不成问题了。

道光二十六年（1846），父亲杨秀贵调直隶独石口任都司，母亲与弟弟杨载寿随行。父亲对杨岳斌也做出相应安排，即由行伍补长沙协左营外委。另一种说法是，考补湘阴汛外委。这是一个武职外官，但是一个带编制的职业军职，也是一般人求之不得的职务。如果没有战争，没有军功，这一职务一般是很难升迁的，很多人一辈子就默默无闻地度过了。

俗话说，时势造英雄。杨岳斌在这一平凡的岗位上，遇到几次难得的机遇，凭着自己的勇敢和智慧，干出一番不平凡的事业来。

清道光二十九年（1849）十月，一个叫李沅发的农民在宝庆府新宁县举行起义。

李沅发，湖南省新宁县金石镇水头村李家湾人，清嘉庆二十二年（1817）正月十五日生。成人后，身材魁梧，方头大脸。李沅发家无寸土，以编草鞋、帮零工维生。

道光二十七年（1847），李沅发参加新宁雷再浩领导的农民起义，并任“铁板”（相当于侦察交通员）。失败后，转入秘密活动。

道光二十九年（1849）五月，新宁县境暴雨成灾，谷价昂贵。县署既不劝谕减价，又不开仓平粜。秋后，官绅更重利盘剥。李沅发见民怨沸腾，以“劫富济贫”相号召，创立“把子会”，响应者众，连县中胥吏皂隶也来参加。又召集雷再浩余部，联合广西“天地会”，拟揭竿而起，共同反清。代理知县万鼎恩探知，捕会众两名。李见事发，与骨干谢有兴等商议立即起义。

十月十三日深夜，李沅发率众三百，自水头村过白公渡，至县城东门外，烧毁文昌书院。城内会众卢万先等与胥吏皂隶策应开城，一举攻占县城。义军破监狱，放会友，捣衙署，杀知县，开粮仓，济贫民，贫苦百姓纷纷加入，队伍增到一两千人。李将队伍分设五营，各营首领称大哥，李被尊为总大哥。营中树“劫富济贫”大旗，官绅惊恐。

李沅发起义占据新宁县城的消息，很快传到了当时的湖南布政使万贡珍那里。当时，新任湖南巡抚冯德馨还未到职，万贡珍代理湖南巡抚。他闻讯后，最早在湖南共统领1800名兵勇前往新宁，进行围剿。

义军转战湘、桂、黔三省20多个州县，汉、瑶、壮、苗各族民众积极参加，队伍发展到5000多人。朝廷震惊，又调集湘、鄂、桂、黔四省官军前往围剿。杨岳斌也被征调参加这次镇压李沅发起义。

当时清军各路兵马与团练一起，近20000人，实力远超起义军。在各路大军的围追堵截下，义军接连受挫。

道光三十年（1850）四月，李沅发率仅存的200余人在新宁金峰岭（又名金紫岭），被官军、乡勇团团包围。终因寡不敌众，伤亡殆尽。四月二十三日，李沅发负伤被俘。六月四日解送京都，八月十七

新宁县金峰岭，海拔 1772.4 米，李沅发就是在山顶的洞穴中被抓获

日就义，时年33岁。

李沅发起义是太平天国起义的前奏，对后来的太平天国运动影响很大。

这是杨岳斌第一次参加围剿农民起义的实战。他在战斗中，发挥湘西人不怕死的精神，身先士卒，极为勇敢，为后来镇压太平天国积累了实战经验。

在这次战斗中，他也结识了许多朋友，湘军后来那些名将如刘长佑、刘坤一、邓绍良、彭玉麟等几乎都参加过镇压李沅发的起义。特别是同乡、乾州直隶厅人邓绍良，原来是杨岳斌的老上级，这次“率五百人破贼金峰岭，擒沅发，擢都司，赐花翎、扬勇巴图鲁名号”[1]。另外，彭玉麟也在这次战斗中立功受奖。“新宁匪乱，从协标剿捕。叙功，大吏误以为武生，拔补临武营外委，不就。”[2]“公从大军战金峰岭，擒李沅发。”[3]彭玉麟在围剿金峰岭，擒获李沅发后，还豪情万丈地写下一首诗：

飞来将令肃于霜，万叠清风绕战场。
狡兔满山看乱窜，妖狐无地得潜藏。
六韬胸运阴符策，七尺妖横宝剑光。
灭尽长枪始朝食，书生从此卸戎装。

这是围剿李沅发的众多文武将士中，唯一留下诗篇的。

杨岳斌在这次战斗中勇敢无畏，不仅立下了战功，赏蓝翎，而且开阔了眼界，增长了见识，积累了经验，积蓄了斗志，为他后来参与镇压太平天国，打下了一定的基础。

山雨欲来风满楼。当时的清朝政府，在各种社会矛盾的冲击下，已经开始摇摇欲坠。

1《清史稿·邓绍良传》。
2《清史稿·彭玉麟传》。
3《中兴将帅别传》。

鸦片战争以后，清政府为支付战争赔款，加紧搜刮人民，统治更加腐败。贪官污吏、土豪劣绅也乘机勒索百姓，阶级矛盾不断激化。特别是受鸦片战争直接冲击的两广地区，1846 年至 1850 年，水、旱、虫灾不断，雪上加霜，广大劳动人民陷入饥饿和死亡的困境。社会更为动荡不安。

清道光二十四年（1844），洪秀全与冯云山来到广西传教，秘密进行反清活动。

1851 年 1 月 11 日，洪秀全集 2 万余人在广西桂平金田村正式宣布起义，建号太平天国。这年秋天，太平军攻占广西永安州（今蒙山县）。12 月，在永安城分封诸王，建立了初期的官制、礼制和军制。清朝廷调集各路兵力，进行围剿。

杨岳斌也奉调赴广西，跟随大军参加对太平军的围剿，坚持数月，参与了一些战斗。因疲于征兵催饷，往来山谷，受瘴气影响，染上疟疾，请病假归。

病愈之后，专门在湘阴训练部下，以备作战之需。

1852 年 4 月 5 日，太平军自永安突围，北上围攻省城桂林，几攻不下。于是，撇开桂林，准备沿着湘江北上。他们组织了一个庞大的船队，载着人马和辎重，浩浩荡荡向下游开去。没想到，在全州蓑衣渡，遭遇江忠源率领的“楚勇”拦截。

江忠源，湖南新宁人，出生于清嘉庆十七年（1812）。道光二十七年 (1847)，新宁黄卜峒青莲教首领雷再浩聚众起义。江忠源组织团练，协助县令，一战就把雷再浩扑灭了。首开湖南人秀才带兵作战的历史。因功授知县，拣发浙江秀水。后因丁忧回籍。

这时，太平军进攻桂林。赛尚阿奉命督师征剿，奏调江忠源赴营差委。他募集新宁乡兵 500 人，叫做“楚勇”，开赴桂林，又开了湖南乡勇出省作战的历史。

江忠源是一个天才的军事家，他预判太平军久攻不下桂林，一定会顺着湘江，进攻湖南。于是，他事先选择在蓑衣渡下游江面最窄处，命令乡勇们砍伐两岸松山里的松木为桩，在河滩上打下无数树桩。又砍倒沿江两岸的一些大树，推入江中，堵塞河道，并用铁钉将河中的大树木桩钉死，连成一体，在河面上筑建了一座牢固的大木堰，阻断了舟船的通行。

等到太平军的大船队一到，全部被阻挡在河道里，互相拥挤，不能通行。这时，江忠源指挥“楚勇”，万炮齐发，打得太平军人仰马翻，鬼哭狼嚎。太平天国南王冯云山也被炮火击中，伤重死亡。

随后，太平军弃船登岸，走陆路进入湖南，连克道州、郴州。8 月，西王萧朝贵闻长沙兵力空虚，率偏师进攻长沙。9 月 12 日，萧朝贵在攻城时战死。洪秀全、杨秀清闻讯后急率主力来到长沙城下，围攻长沙。但此时清军已重兵云集，太平军攻长沙近 3 个月，仍未能成功，撤围北上攻克岳州。

湘阴位于长沙城北，正处于长沙与岳州中间地段。

在太平军围攻长沙之际，杨岳斌正在湘阴带兵，严阵以待。

太平军很快就打过来了。当时他的长官，以出防为名，一去不返，当了逃兵。杨岳斌在这种情况下，临危受命，率领营兵，与当地老百姓一起，坚守城池，奋勇抗敌。他手提大刀，日夜在城楼上巡防，英武的形象，给当地官民留下深刻的印象。

太平军主力从益阳沿着资江进攻岳州，负责进攻湘阴的并不是一支大部队。他们攻克湘阴不下，听说主力已经到达岳州，于是绕道进军岳州，湘阴县城得以保全。

战后封赏，杨岳斌因为守护湘阴有功，提拔为宜章营千总。这是一个正八品的武职官衔，为杨岳斌后来的晋升，奠定了一定的基础。

第三章　水师营官

太平天国运动风起云涌，使清朝政府十分恐慌。他们派出多支绿营部队前往镇压，但这些部队，在太平军强大的攻势下，往往一败涂地，溃不成军。倒是以江忠源“楚勇”为代表的湖南地方团练，在对付太平军中，显示出很强的战斗力。这使咸丰皇帝从中看到了希望，于是，下令各地，办理团练。

提起湖南办团练，就必须提到曾国藩。

曾国藩（1811—1872），湖南湘乡（现双峰县）人，出生于一个地主家庭。他自幼勤奋好学，就读于长沙岳麓书院。道光十八年（1838）中进士，入翰林院，为军机大臣穆彰阿门生。这个通过大考而入仕的湖南学生，以前在京为官十年，尽管官居二品，却是无实职实权的闲官。道光二十九年（1849）正月，七迁为礼部右侍郎，才真正开启他的从政生活。此后，历官吏部、兵部、刑部、工部侍郎，升迁之快，令人始料不及。

咸丰二年（1852）夏天，他在返回湖南探亲途中，获悉母亲于六月十二去世，回家奔丧。

清朝依古制，父母死，官员均得在家守制三年后始得复官。但咸丰二年十二月，湖南巡抚张亮基转来咸丰帝寄谕，“令其（曾国藩）帮同办理本省团练乡民、搜查土匪诸事务”。

仅仅三个多月，皇帝便叫他墨经从戎。他经过一番推辞后就任，开

曾国藩出生地双峰白玉堂

始在湖南办团练。当时，咸丰帝同时共任命了 49 名在籍官员办理团练，他只是其中之一。

曾国藩开始受命在长沙办团练，因与地方政府和官员产生一些摩擦，后来愤而于八月避走衡州（现衡阳市）。

衡州离曾国藩老家湘乡距离不远，曾国藩的外公和岳父都是衡州人，他自幼小起，经常往来衡州，并在衡州上过学，对这里比较熟悉，也充满感情。这里，成为他办团练的发祥之地。

曾国藩在衡州练兵勇，除了训练陆军外，还训练了水师，这支水师后来在镇压太平军中，发挥了重要作用，并产生了杨岳斌、彭玉麟等一批著名将领。

太平军自起义以后，一路攻城略地，而大部分城市都在水边，因此，他们在实战中意识到船只的重要性，很多时候，利用船只运送兵马和辎重，甚至利用船只辅助作战。

前面讲过，早在咸丰二年五月，太平天国军队一万多人，乘上由两百多艘船只组成的大型船队，从广西全州县城出发，乘着湘江涨水，浩浩荡荡，向着湘江下游冲来，准备沿湘江直下，袭击湖南的永州、衡州、长沙。虽然在全州的蓑衣渡，被江忠源的“楚勇”拦截，损失不小，但那时，他们已经意识到船只对于军队作战的重要性。

这年的十一月，湖南益阳被太平军攻下，洪秀全当即下令，征收数千民船，将粮草和器械运至洞庭湖。陆军则沿岸护送船只前进，实现水陆并进。随后，太平军攻下岳州（今岳阳市），获得大量粮食和弹药，实力大增。由于当时参加者众多，杨秀清便把船工、水手等单独编成一军，定名为“水营”，标志着太平天国水营正式成立。

太平军水营建立后，迅速顺江而下。“三年正月，掠九江，残安庆，入金陵，据为伪都。六月，由湖口溯彭蠡，犯江西行省。江忠烈公忠源以楚军坚守得全。终以无水师，故不能大创贼。”[1]

这种情况引起长江中下游沿线一些官员的担忧，如江忠源、郭嵩焘

---

1 彭玉麟《石钟山楚军水师昭忠祠记》。

等人。

这几年，江忠源一直带领楚勇同太平天国进行殊死战斗。从蓑衣渡大败太平军主力后，一路追击太平军。后又参加了长沙保卫战、南昌保卫战，守城攻坚，无往不胜，发挥了重要的作用。

江忠源是一个脑子很好使的人，他从与太平军的一系列战斗中看到，太平军的水营在各种战斗中起了重要的作用，而湘军没有水师，往往陷于被动。于是，他很早便有了湘军创办水师的想法，只是因为他一直处于与太平天国的征战之中，自己根本没时间想办法去实施。

咸丰三年（1853）八月，郭嵩焘受曾国藩派遣，随罗泽南出征江西，与江忠源汇合。他沿途看到太平军水营的战斗力，感到要和太平军争雄，就必须有一支自己的水师，夺取制水权，于是向江忠源提出建立水师的设想。

江忠源听了，大喜。说你这个建议很好，与我的想法不谋而合，真是英雄所见略同啊！

于是请郭嵩焘代拟奏稿。两个人在军营的小房子里，找来板凳，靠着窗户，很快就将奏稿拟就。这就是有名的《请置战舰练水师疏代》。

他们在奏稿中称“粤匪自湖北、安徽转陷江南，沿途掳掠民船，已逾数十万艘。自九江以下，江路一千数百里，尽以资贼……江南扬、镇等处，皆两面凭江，并力攻围，而贼得水陆救护，以牵制兵力。故欲克复三城，必筹肃清江面之法；欲肃清江面，必破贼船；欲破贼船，必先制造战船以备攻击”，“臣愚以为宜饬四川、湖北、湖南各督抚制备战船百余只，一以广东拖罟为式，每船计可载兵五十名；饬广东督抚购备夷炮五百斤、三百斤者合千余尊……以备调遣”。

江忠源当天就派快马将奏折送往京城。文宗阅后，批准照办。

这年的十月十六日，江忠源在给《答曾涤生侍郎师书》中写道：“方今贼据有长江之险，非多造船筏，广制炮位，训练水勇，先务肃清江面，窃恐江南、江西、安徽、湖南、北各省无安枕之日……敢请吾师即日缮折，与忠源联衔具奏，并致书海内豪杰，广集经费，号召吾乡忠义之士，迅建义旗，蔽江而下，忠源亦当收集淮南奇杰，以为应援。”

此时，在衡州操练湘勇的曾国藩也深有同感，他在十月二十四日《暂缓赴鄂并请筹备战船折》认为，“该匪以舟楫为巢穴，以掳掠为生涯，千舸百艘，游弈往来，长江千里任其横行，我兵无敢过而问者。前在江西，近在湖北，凡傍水区域，城池莫不残毁，口岸莫不蹂躏，大小船只莫不掳掠，皆由舟师未备，无可如何”。

湘军水师的兴起，起源便在这里。而湘军全靠有了水师，才有可能在后来大规模战役中，截断江路，在湖南、湖北、江西、安徽等取得一系列的胜利。

另一方面，湘勇练成后要转战长江沿岸各省，这些地方都是江河湖泊之地，在此地作战，必然和太平军水营发生恶战。要战胜太平军，就要破太平军水营，打通这些通道。而击败太平军水营最好的办法，是自己拥有一支可以和太平军水营抗衡的水师。拥有一支较为强大的水师，就有和太平军争夺长江制水权的资本，于是向咸丰帝上书，表述建立水师的紧迫性。

曾国藩上书得到咸丰帝的批复，正式批准他办湘军水师的计划，同时督促曾国藩筹办船只、炮位，挑选水勇，组建水师。

杨岳斌勇于担当，顽强拒敌，保护湘阴城的事迹，在湖南官场和军界流传着，也传到了曾国藩的耳中。这样，曾国藩就想办法把他招募过去。

此时，杨岳斌正在宜章千总任上。地方千总，算是编制内由国家发饷的“铁饭碗”。放弃这样一个旱涝保收的编制，去屈身刚刚创业、前途未卜的“民兵营”，算是从米缸里跳到糠箩里。但杨岳斌十分清楚，清军绿营体制的腐败和无能，自己继续干下去肯定没什么出息。因此，欣然接受曾国藩的邀请，投身到曾国藩麾下，这是有远见卓识的。

开始，曾国藩安排杨岳斌、彭玉麟协助其弟弟曾国葆带兵。

曾国葆（1829—1862），字季洪、又字事恒，是曾国藩最小的弟弟，小他 18 岁。曾国藩共有 5 兄弟，分别为国藩、国潢、国华、国荃、

清末制造木船场景

国葆。曾国葆从小就是个牛人，20 岁刚成年，就考中了秀才，比大哥曾国藩还早 3 年。可惜后来没有大哥那么运气好，考了几次举人，都名落孙山。于是对科举考试深恶痛绝，决定弃文习武，学习搏击和刀枪刺法。

咸丰三年（1853）初，清廷授命丁忧在籍的礼部侍郎曾国藩帮办湖南团练乡民，搜查土匪诸事务。曾国葆组织了 600 多人的队伍跟从。这年冬天，曾国葆率领队伍去平定衡阳常宁洋峒一带的土匪，取得胜利，受到曾国藩的肯定。这次出兵，还有一个重大收获，就是他发现两个人才，很有军事才华，一个是杨岳斌，另一个是彭玉麟。

曾国葆回去后，就向大哥推荐说，这两个人，我看他们行军作战，都有独自指挥能力，是大将之才，绝不是普通的军人。如果按军事才能来算，我都愿意做他们的下级。

曾国藩听了，算是心中有数。他早知道杨岳斌他们不一般，但还需要经受历练。于是，继续考察他们的才能，果然不错，决定由杨岳斌统领水师右营，而安排彭玉麟统领水师左营。这一左一右，后来都立下丰功伟绩，成为曾国藩湘军的心腹爱将。

当时创办陆师水师，按清廷的规矩，兵员都是实行临时招募制。即封你一个营官，就要你自行去招募 500 兵勇，再从中选拔哨长、什长等。这样，杨岳斌回到湘西，大张旗鼓，招募了部分胆子大水性好的兵勇。同时，曾国藩也派人从湘乡招募一些兵勇，其中有彭楚汉等，合并组成一营。他们中好些人，后来成为湘军水师的重要将领。

创办水师，就要打造战船，便于作战。刚开始，大家都不懂，于是，出主意，想办法。他们想到湖南、湖北每年端午节赛龙舟，那龙舟很快，于是，仿照龙船造战船。

当时守备成名标从长沙来到衡州，他熟悉广东战船情况，告诉曾国藩，以广东快蟹船式、舢板船式造船，比较好。

同知褚汝航从桂林来到衡州，告诉曾国藩，以长龙船式造船。于是，曾国藩集中衡州、永州的造船工匠，又设分厂于湘潭，共造出快蟹

40 号、长龙 40 号、舢板 80 号。快蟹每艘配 45 人，摇桨者 28 人，摇橹者 8 人。长龙每艘配 24 人，摇桨者 16 人，摇橹者 4 人。舢板每艘配 14 人，摇桨者 10 人。每船柁工 1 人，头工 1 人，炮手数人。这样，战船、装备、建制都集备了，湘军水师也初具规模了。

杨岳斌开始担任右营营官时，感到自己读书不多，文墨不济，怕难以担当重任。于是，请来进士出身的邓漾源作为幕僚，一边打仗一边读书，以实现文武并进。

杨岳斌虽然算是一介武夫，但十分热爱学习。他不仅认真读书，学习古诗的写作，也经常抽出时间练字，所以他后来的书法很好，成为湘军中有名的书法家。

他的古诗也写得不错。他从湘阴驻军前往衡州，投奔曾国藩。路过长沙时，与朋友一起登长沙岳麓山。看到巍巍岳麓山，古树葱茏，遮天蔽日，大发感慨，写下《登岳麓和焦昕堂原韵》：

偶从樵访道乡台，千树桃花万点苔。
幽径已无尘客到，深山惟有白云来。
松间联句僧煎茗，石上陈肴鸟劝杯。
醉里不须嗟世乱，座中都是济时才。

这是杨岳斌早年的诗作。岳麓山是湖南省城长沙的一座名山，为南岳七十二峰之一，位于湘江的西岸，也是历代志士仁人到长沙必登临的一座山。文人雅士们在这里留下了很多诗作，作为一介武夫，登临感受又如何呢？前几句写景状物，形象生动，刻画细腻，对仗工整，恰到好处，完全是一幅文人的笔墨。后两句点题，表现出一个武夫匡时济世的不凡之志。从这首他早期的诗作来看，他的文字功底是很不错的。

第四章　初次出征

咸丰三年（1853）八月，曾国藩避走衡州训练湘勇，经过约 5 个月的训练，招募训练陆师 5000 多人，编为 13 个营，由塔齐布、周凤山、曾国葆等负责。

招募训练水师 5000 人，编为 10 营。前、后、左、右、中 5 营为正，营旗用纯色；另 5 营为副，营旗用镶边。这些招募的水勇，一般用船夫和渔民，因为他们常年生活在水上，水性好，加上熟悉水上环境，稍加训练，即可作战。另招募一些炮手，用于船上开炮作战。一个营中，配备一艘快蟹和一艘长龙船，加上 8 只舢板船，由营官率领。水师共拥有战船 240 艘，坐船 230 艘。这些都是请专业人员设计并反复试验而制造的新式木战船，代表着当时国内先进的造船水平。

咸丰四年（1854）初，太平天国开始西征，以夺取长江中下游。他们攻占了湖北多个城市，又利用水营的舟楫之便和清王朝在长江流域军事力量的薄弱，很快进入湖南境内。

这时，在朝廷的催促下，曾国藩率领湘军水陆两军，浩浩荡荡，从衡州出发，向北开进。

他们于正月二十八日建旗出征。发兵之前，曾国藩发布了著名的《讨粤匪檄》。

在曾国藩率领湘军出征时，太平天国东王杨秀清派遣石祥祯、林绍璋和曾天养等大将，率领一支大部队，号称 3 万多人，组成征湘军，越过武昌南下，于二月初一日攻占湖南岳州。二月初六日，又攻占湘阴。接着，从西面经陆路进攻宁乡。

曾国藩在军中听说太平军进攻宁乡，当即派出先头部队去宁乡抵挡太平军。这支部队开始趁太平军不注意，打了个漂亮的胜仗，但后来在太平军的围攻下，主将战死。

曾国藩湘军开进长沙，稍作停留，便继续向北推进。湘阴和岳州的太平军探听到湘军大部队到来，为避其锋芒，都向北撤去。三月初二日，曾国藩率部队到达岳州。

这时，湘军分头与太平军作战。王鑫见太平军正在撤退，以为对方是望风而逃，正是进攻的大好时机，于是不经请示曾国藩，擅自率部离开岳州北上。到了湖南湖北交界的临湘羊楼司，被石祥祯、曾天养太平军伏击，吃了败仗，遭遇尴尬。

水路方面，湘军水师也出师不利。三月初七日，天公不作美，洞庭湖上北风大作，湖中巨浪如山。湘军水师战船在城陵矶守卫者被打沉5艘，撞坏10多艘；停泊在岳阳楼下的，被打沉11艘，撞坏20多艘；中帮水师二营及后帮陆勇2000雇民船来岳阳的，在鹿角一带被风掀沉战船8艘，撞坏者无数，水陆各兵勇溺死者也很多。

但在这次战争中，杨岳斌的水师右营表现很好，他们稳打稳扎，趁机打击太平军水营，取得不错的成绩。特别是当别的湘军败退之际，杨岳斌率领部队，奋勇抵抗太平军追兵，从而很好地保护了友军，受到众友军的好评。实际上，他的水营成为湘军水师中一枝独秀的部队。《清史稿·杨岳斌》载："战岳州，水陆皆溃，独岳斌一营力拒不败。"

杨岳斌在这次战役中，还有一个收获，就是接收鲍超来到自己水师任哨长。

鲍超（1828—1886），字春霆，四川夔州安坪藕塘（今重庆奉节）人。他幼年丧父，出身贫苦，但勇猛果敢。1852年，太平天国起义爆发，广西提督向荣在湖北宜昌募兵，组建"川勇营"，鲍超应募入伍。最初，他当伙夫、兵勇。在岳州之战中，因作战勇敢，被杨岳斌发现。

湘军水师出征图

鲍超也十分钦佩杨岳斌作战时的沉稳机智，表示愿意加入湘军水师，被杨岳斌接纳并安排到长龙船上任哨长。后来，鲍超历经数百次战役，成为湘军中一员骁将。

岳州军事失利，曾国藩率湘军据守长沙。太平军再次进入湘北，以岳州为中心，向四面扩张。迅速占领了许多城镇，夺得不少渔船，水陆并进，向长沙逼近。他们攻占了益阳和湘阴，在靖港一带集结兵力，布置战舰，修筑炮垒，做好进攻长沙的准备。

太平军军官们对进攻长沙还是有点心虚，他们商议，清军对长沙防守严密，可以改攻宁乡和湘潭，这样上下夹击，到时再进攻长沙，就易如反掌了。于是太平军一方面在靖港坚守阵地，一方面派一万主力奔袭宁乡和湘潭。

曾国藩知道后，积极应对。但是湘军的陆师主力被塔齐布率领在湖北作战，因为长沙吃紧，正在返回长沙途中。曾国藩就派了几个营官，带领 1800 兵勇，在宁乡至湘潭的大道两边设伏，企图拖住太平军，等待大部队到来。

太平军人多势众，很快攻占了湘潭。在湘江上构筑木城，以堵住湘军水师向南的退路。长沙局势，变得紧张起来。

几乎同时，塔齐布率领部队，长驱直入，奔赴湘潭。在高岭，与太平军遭遇。直到这时，塔齐布才知道，湘潭已被太平军占领。

塔齐布指挥军队，与太平军奋勇冲杀。太平军以前与清军绿营作战，清军几乎一触即溃。这次见塔齐布部队勇猛无比，锐不可当，非常惊恐，阵脚大乱。塔齐布乘势冲锋陷阵，杀得太平军落荒而逃。接着，连打胜仗，烧毁江面的木城。

曾国藩这边，经过决策，派出褚汝航、彭玉麟、杨岳斌率领 5 营水师，开赴湘潭增援塔齐布部队。

湘军水师 5 营开到离湘潭约 10 里的地方，停止前进，派人侦察敌情。侦察人员很快返回，说塔齐布在陆战中大获全胜，并约好水陆两路沿城外进军。

四月初一日早晨，褚汝航等督率水师各营分队进剿，长龙在前，舢板左右护卫，载炮轰击。杨岳斌、彭玉麟各选派精兵，飞架快蟹，直接杀入太平军船队。太平军水营开炮还击，火弹、火箭齐发，硝烟弥漫，敌我莫辨。杨岳斌、彭玉麟命令兵勇掌好舵，迅速占据上风，放火攻击。各队分左右两翼飞驰而进，炮轰击毙太平军数十人。火器飞入太平军战船，遇船即着，顷刻燃烧。太平军慌忙跳上小船，大多被湘军水兵活捉或杀死。这次共活捉太平军官兵120多人，缴获大小战船60多艘，器械无数。

这天夜晚四更，太平军派出一些满载燃烧物的船只，也就是纵火船，顺流而下，又派大量小船载着燃油尾随其后，企图焚烧湘军水师。湘军派出舢板小艇阻击，将太平军放火船撑开，使太平军纵火船无法靠近，太平军计划失败。

四月初二日，水师统领褚汝航督率快蟹，指挥湘军水师攻击太平军，他亲自擂响大鼓督战，杨岳斌、彭玉麟率领舢板纵横穿梭，往来督战，向太平军发炮轰击。一时间，湘江水面火炮雷鸣，湘波鼎沸，硝烟四起。

杨岳斌身先士卒，冲锋陷阵，左肋右腰受枪伤多处。经简单包扎，继续指挥作战。自早到晚，一举摧毁太平军300多艘船只，击毙太平军300多人，生擒长发太平军13名，短发太平军40余名。太平军着火的船只，延及岸上街市房屋，燃成一片。百里之外，遥见火光冲天。岸上被烧死的太平军，不计其数。湘军夺获旗帜、器械无数。湘潭太平军船只，只剩下文昌阁30余只，其余烧毁殆尽。

四月初三日，塔齐布派人在潭城（湘潭）窑湾高处侦察，得知太平军分散在江边，准备由水路逃窜，赶快通知水师，合力围剿。

这天夜里四更，太平军掳掠上游大船数百只开到窑湾，市区的太平军纷纷登船，准备乘风上窜。

杨岳斌与彭玉麟率领水师一路追赶。中午时分，追到下摄司。太平军船队庞大，樯帆林立。杨岳斌、彭玉麟分别坐快蟹一只、舢板一只，冲在最前面。太平军开炮抵抗，湘军水勇用大炮轰击，炸死太平军上百人，太平军船队分散四处逃窜。

杨岳斌、彭玉麟乘势追击，遇到敌船，当即烧毁。太平军船上所掳掠的财物很多，杨岳斌、彭玉麟想，将士们初次获得胜利，贪图战利品，一定会松懈，影响作战。于是，命令水师官兵，不准上船争抢。

当时北风劲吹，他们命令部下，顺风纵火，焚烧太平军船只。大火连绵数里，火光映红天空。躲在船上的太平军，仓促之间，无法逃脱，纷纷跳水，淹死无数。

从早上到下午，他们烧毁太平军船只六七百艘。江面上，到处飘着太平军的红巾黄巾，惨不忍睹。至此，太平军水营主力基本被歼，余部全部上岸，躲进城中。

湘军乘胜进军，几天后，攻占湘潭，湘潭之战画上完美句号。

这一战，湘军水陆两军在 8 天里打了 10 次胜仗，斩杀太平军上万人。太平军的大小头领，大多丧生于战场和水火之中，损失惨重。

这是湘军出征以来第一次大捷，曾国藩在《会奏湘潭靖港水陆胜负情形折》中说："此次水陆痛剿，毙贼近万，所获旗帜、器械无算，凶渠伪目除阵斩外，或毙于水，或毙于火，为数极多。"

这次战役，使湘军士气大振。旧史家称此为湘军初兴第一奇捷。曾国藩上奏称赞杨岳斌："蓝翎千总杨载福，以陆路武弁督带水师，被贼枪伤左肋、右腿数处，裹创血战，奋不顾身，陆续烧毁贼船四百余只。请予守备留于本省补用，并请赏换花翎。"

湘军攻占湘潭后，杨载福很快被擢升为守备，赏戴花翎。

四月初二日，当杨岳斌、彭玉麟等湘军水师在湘潭大战太平军时，曾国藩听信别人的建议，率领另 5 营水师去进攻靖港。结果大败，曾国藩两次跳水自杀，被部下救起。这 5 营水师几乎损失殆尽，有些军官，后改任陆师。后来的湘军水师，基本上是靠前 5 营发展起来的。杨岳斌、彭玉麟，成为水师的杰出统领。

第五章　征战岳州

征湘太平军自湘潭大败之后，全线退守到岳州，与进军鄂西返湘的曾天养部合兵驻扎。

此时，曾国藩驻守长沙，致力于修造战船，选拔人才，准备进攻岳州，打过洞庭湖去。

咸丰四年（1854）六月，经过重整的湘军开始对岳州进行围剿。

曾国藩派出杨岳斌与彭玉麟水师为前锋，设伏于君山、雷公湖一带。

他们并没有贸然强攻太平军在南津港的防守水营，而是经过周密的布置，设伏船于雷公湖、君山两边，另派水师一队假以进攻南津港，引出太平军防守水营。太平军水营不知是计，派出大军来追击。待到他们的船只开进湘军水师伏击区域，杨岳斌、彭玉麟指挥两支水师双面夹击，趁机将太平军水营消灭，焚船数百只。他们采取这个办法屡次获得成功，连战连胜。

塔齐布等率湘军陆军也在新墙等地攻毁太平军营垒。太平军在此情形下，只得先放弃岳州，退守到岳州以北20余里的城陵矶。

几天后，太平军反攻岳州。杨岳斌指挥水师沿着东岸截击。在战斗中，杨岳斌挺立船头，奋勇当先，像一尊战神，威武雄壮，一副无坚不摧的气势。当他看到太平军指挥人员在对面船上指手画脚时，他想，擒贼先擒王，当即命令战船加速前进。

两船一靠近，他手持长矛，挑开太平军的刀枪，跳上他们的战船，如入无人之境。那些太平军战士，见他来势凶猛，一个个纷纷躲避。他大步向前，对着太平军首领直刺，几枪便将太平军首领汪得胜杀死。太平军战士，纷纷跳水逃跑，杨岳斌部下趁机占领其战船。

太平军失去主将，阵脚大乱，趁机逃窜。杨岳斌带领部队，乘胜追击，并一直追到临湘，太平军部队无一生还。因此，杨岳斌以都司补用，被赐号彪勇巴图鲁。

过了两天，杨载福进攻擂鼓台。

当时，擂鼓台太平军水营人多势众，靠近岸边防卫。杨岳斌指挥部队进攻，受伤严重。更为不利的是，在战斗的当天晚上，北风大作，太平军战船五六百艘挂起风帆，顺风直上，准备战斗，而杨岳斌部队战船只有七十多艘。看到敌人的船队黑压压地涌上来，湘军士兵开始感到畏惧。

关键时刻，杨岳斌表现出临危不乱的大将气概。他冷静地认为，今天如果撤退，我们的战船不满一百艘，太平军的战船差不多是我们的十倍，我们必败无疑。在这种情况下，不冒死出奇兵，是无法战胜的。他并没有按常规撤退，而是身先士卒，亲操舢板，率领所有部队，驶入太平军船队中，从背后发起攻击，并借助东风，纵火焚烧敌船。一时间，火光冲天，太平军阵营大乱，战船被焚百余只，伤亡千余人。最终，该战大获全胜，成为以少胜多的经典案例。

广东水师总兵陈辉龙随曾国藩到达岳州后，听到杨岳斌擂鼓台战胜的消息，又看到杨岳斌连打胜仗，心中羡慕，也想一试身手。他以为太平军不堪一击，于是想顺风去攻打城陵矶。

杨岳斌觉得那样不行，很危险，就认真地对他讲，顺风进攻，船队难收，切不可行。陈辉龙不以为意，自恃官大一些，不听从杨岳斌的劝说，督率水军开赴城陵矶与太平军交战。

当时正遇大风，陈辉龙乘坐的拖罟大船，到达中流，船在漩涡中打转，太平军埋伏的船只一齐杀出，陈的部队当即陷入重围。激烈交战中，陈辉龙力战而死。

1854 年 7 月 25 日，湘军在洞庭湖畔的岳州大破太平军，解长沙之围。

原件藏于台北故宫博物院

湘军水师总统褚汝航急忙前往营救，也被围歼。同知夏銮、游击沙镇邦等都战死。太平军乘坐缴获的大船拖罟凯旋，回到城陵矶。

城陵矶之战，湘军水师损失惨重，只有杨岳斌所率水师未受到损失。

第二天，杨岳斌回到岳州，请兵出战，以雪昨日之耻。曾国藩想到连损三员大将，士气低落，坚决不同意。

杨岳斌求战心切，争辩说，太平军昨日大胜，谅我军已无还手之力，必然松懈。这时出击，正是大好时机，可获全胜。打仗靠的是勇气，我看各路部队士气都很低落，如果不把昨天的损失挽回来，湘军就会一蹶不振。

曾国藩一听有道理，犹豫一阵，勉强同意。

杨岳斌集合所有战船，对水师将领们喊话鼓励，两军相遇勇者胜，今天只有拼死一搏，才能立于不败之地。在他的鼓动之下，将士们个个摩拳擦掌，情绪高涨，誓死打到城陵矶，战胜太平军。

果然不出所料，太平军以为湘军新败，不敢来犯，麻痹大意，不做任何准备。湘军水师猛然杀到，他们措手不及，立刻落了下风，战船被冲得七零八落，很多人落水身亡。湘军士气更加高涨，乘势追杀，大获全胜。

随后，太平军又被湘军陆师打败，逃遁。杨岳斌指挥部队追击，消灭太平军有生力量，争夺两岸炮台，搜寻螺山、倒口一带的太平军船舰。

晚上，他们集结水师部队，偷袭嘉鱼的黄盖湖。

杨岳斌率部队打先锋，在与太平军作战中，被对方火攻烧伤，战船被撞翻，沉入水中。杨岳斌也被掀翻到水里。好在他水上功夫了得，一个猛子扎入水中，躲避了太平军的追杀，趁机爬上别的战船，继续指挥作战，大声呼喊着又冲入敌阵。敌人看他简直是个战神，纷纷逃窜，他趁机烧毁太平军战船数十艘，又大获全胜。

恰逢湖北清军进屯金口，攻破汉阳关太平军营。杨岳斌指挥部下，攻占塘角，打到青山，焚烧太平军营垒。太平军逃跑后，又焚毁其辎重。这样，通过湘军水陆两军的合力作战，武昌、汉阳都被收复。杨岳斌被擢升为参将，授湖南常德营副将。

通过岳州之战和武汉战役，从此，杨岳斌和彭玉麟并列为湘军水师名将，与陆军塔齐布、罗泽南齐名，世人亦称湘军“塔罗彭杨，莫与为比焉”。

岳州之战胜利后，一天夜晚，天气良好，皓月当空，凉风习习，杨岳斌与彭玉麟相邀，泛舟洞庭湖上。洞庭湖月光如水，两人豪情满怀，诗意大发，各写下一首诗，作为对这次战争的纪念。

彭玉麟的《肃清洞庭湖》：

岳阳楼外草凄迷，战舰横飞耀彩霓。
犀甲雄吞云梦北，鸦军劲扫洞庭西。
重湖八百潜蛟蜃，孽浪三千靖鲔鲵。
遥见君山青一点，湘妃庙冷杜鹃啼。

月夜的洞庭湖，草色凄迷，战舰横飞，气吞云梦，烟扫洞庭，气度非凡。

杨岳斌也写下一首《偕彭雪琴洞庭泛月》：

良宵同泛景无边，八百平湖浪接天。
兰桨划开湘浦月，蒲帆冲破楚江烟。
枕戈南望心弥壮，击楫中流志更坚。
迅扫妖氛清海宇，征袍抛却好归田。

皓月当空，洞庭湖波澜壮阔，好友携手，泛舟赏月，触景生情，赋诗言志。战友之情，报国之志，壮士之怀，跃然纸上，让人有荡气回肠之感。

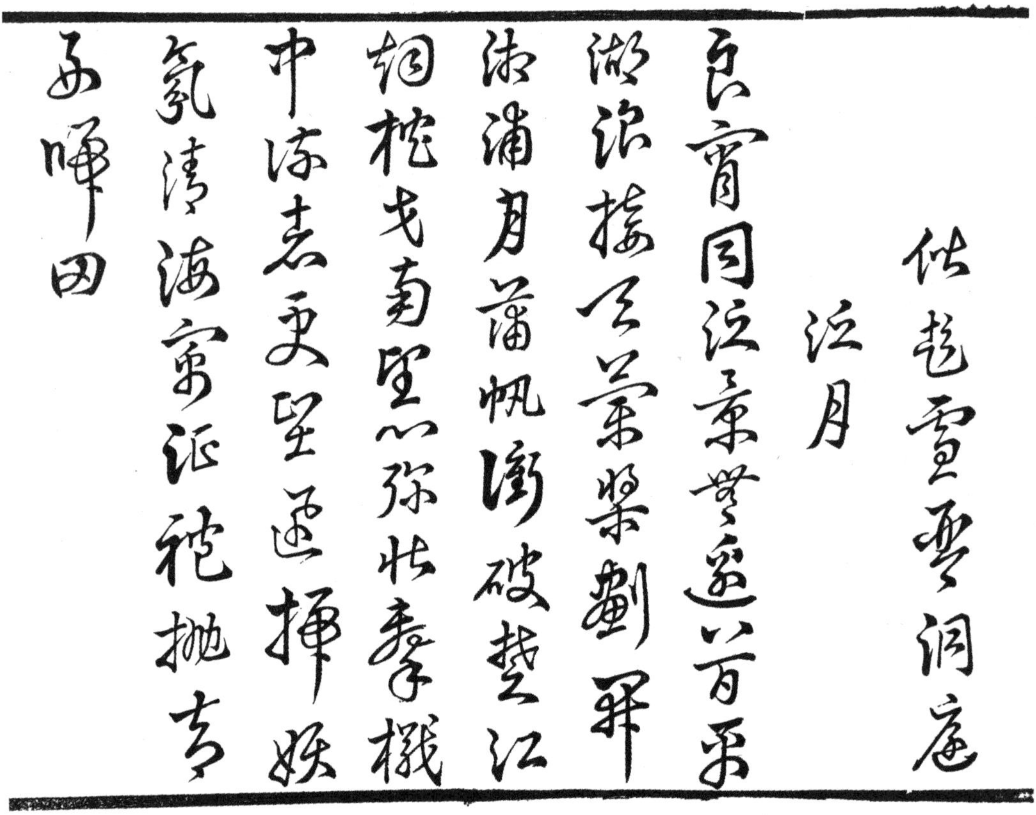

杨岳斌手书诗稿《偕彭雪琴洞庭泛月》

杨岳斌的诗，与彭玉麟的诗相比，有过之而无不及。也只有经过血与火的战斗，才能写出这般体格雄浑、气势豪放的诗歌来。

第六章　湖北战役

湘军攻占岳州后，着手筹备进攻湖北。

咸丰四年（1854）年八月，湘军水师屯兵于江夏金口，经过杨岳斌巡查太平军情况后，大家商定，要攻取武汉，必须先进攻汉阳。湘军水师要先剿灭江面太平军水营，封锁武汉守军与外面的一切联系，并用水陆两军配合作战的办法，使太平军不能首尾相顾，这是进攻武汉的最好战略。

曾国藩奏定三路进兵，中路令杨岳斌等率水师船先发。

开战之时，湘军水陆齐攻，以猛烈的攻势大战太平军，取得胜利。

此战，杨岳斌等烧毁太平军战船200多艘，杀敌无数，为打下武汉奠定了基础。

接着，湘军水师又连破汉关、白沙洲及金沙洲等太平军军营，并以炮击协助陆师攻打武汉城。太平军在对外消息被封锁的情况下，自身情况越来越困难，又见不到外援，纷纷逃亡。有一天夜里四更，太平军打开城门逃窜，湘军得以顺利光复武汉三镇。

九月，湘军水师顺流东下，截击下游太平军援军。

杨岳斌认为，与其等太平军打来而迎战，不如先发制人，主动出击，趁太平军不备，发起进攻。于是，他率部队开赴到蕲州。太平军见湘军到来，开炮迎战，结果，并没有起到什么效果。过了一阵，太平军觉得湘军来势迅猛，不是对手，于是逃跑。杨岳斌等分头追击，沿途消灭敌人，追到骨牌矶，将部队列阵，以半环阵势，围攻太平军未开的战船，将他们全部消灭。

十月，湘军陆军破半壁山，水师进逼田家镇。

当时，太平军守备很严，上游逃下来的太平军都集中在这里。杨岳斌、彭玉麟与陆军密谋，商量进攻太平军的办法。

田家镇位于武昌与黄石下游的长江北岸，是安徽的门户，“天京咽喉，上下通衢”。隔江而立的半壁山临江耸立，悬崖陡峭，是太平军扎大营拱卫九江的天险要塞。

为了防守湘军进攻，太平军做了充分准备。他们占据了半壁山，扎了5座营垒，挖掘壕沟，引湖水灌入沟内。北边从田家镇起，到蕲州为止，长达40里。沿岸筑城，将粗大的铁索从半壁山跨江牵到田家镇，将船只连接起来。船上建造大筏，筏上排列大炮，横在中流，用炮舰防守。筑成铜墙铁壁，以阻挡湘军水师战船。在这一带，太平军号称部署了10万兵力。

杨岳斌、彭玉麟在距敌营田家镇仅9里的峰嘴，与塔齐布、罗泽南会合，共商水陆合攻田家镇破江防铁索之策。

当晚，他们即召集水师各营，宣布明日开战，分战船为四队：第一队专管斩断太平军战船铁索；第二队专攻打太平军炮船，掩护第一队斩关断索；第三队待铁索打开后，立即冲关，直逼下游，火烧太平军战船；第四营坚守老营，防守太平军乘虚回攻上游。杨岳斌又提议，觉得先烧上游的太平军船只，其余的太平军船队必然向下逃窜。这样，不如穷追数十里，从下游一路烧上来，太平军就无路可逃了。

第二天，湘军水师大举进攻。

太平军仗着拥有铁索和大炮，以为湘军水师无法靠近，掉以轻心。湘军水师第一队顺流直下，彭玉麟率领的第二队跟进。太平军船只来不及转移，遭到围攻，烧毁了两艘战船。第一队鼓动风箱，烧断铁链，使太平军铁缆失去作用，防线被冲破。

太平军的大筏在江上漂流，被湘军水师攻击，死伤无数。

杨岳斌率领第三队，等到铁缆断开，带领船队冲向下游。下游太平军看到突然出现的队伍，正在观望，杨岳斌部队已经冲到近前。太平军船队想逃跑，可是船队接连几十里，一动就被挂住，根本无法脱逃。

杨岳斌率部队直驶下游武穴，然后调转船头，逆流而上。一路抛掷火把，烧毁太平军船只。彭玉麟率领的部队，则从上游一路烧下来。这时江上刮起东风，杨岳斌顺风，彭玉麟顺水，两路夹攻，使太平军船只尽毁，烧死无数。

杨岳斌觉得武穴之下，还有太平军船只。于是调转船头，一路追至龙坪。这一战，湘军水师烧毁太平军船只 4000 多艘，都是太平军历年所掳掠的民船。数十里江面，火光冲天，烟焰蔽日。

湘军水陆两军一齐发力，收复了田家镇，而蕲州的太平军也望风逃走了。

杨岳斌因彻夜追敌，劳苦呕血，“诏嘉其勤勋最著，加恩赏总兵衔”，并被批准养病休息。

田家镇大捷，使湘军水师名震天下。《湘军志》记录：

> 田镇已破，湘军水师名天下。文宗采其战法，手诏宣示江南北诸水军。江南北水军师艇船不谙战，续征红单拖（罟）船，皆待风乃行，所至淹留。而江西亦造战船，颇用湖南船制。

这里还有一段插曲。

杨岳斌正在武穴养病不久，湘军前线战事紧张，又紧急调他率队作战，他乘船向下游急驶。行至浔城十五里的张家洲，太平军船只已分两路上犯。杨岳斌派哨官张荣贵、陈金鳌等由新河向下迎击。自己率领各哨由老河向下迎战。澄海人营官何敦五也跟随由老河进剿。鏖战很久，太平军败退，向下逃窜。追到老湾，太平军的快蟹紧靠着北岸，有陆军保护，不能夺取。湘军水师开炮，击毙太平军数十人。湘军水师哨官沈光荣阵亡。张荣贵等从新河下来，遇到太平军的舢板和小划 30 只，湘军 9 艘船开战，大胜。追到湖口县，绕出老城，与杨岳斌部队会合。此战，两路水师共烧毁敌船 26 艘，夺船 5 艘，取得了又一场胜利。

武汉黄鹤楼

杨岳斌在征战湖北过程中，曾写下了一首《战罢晚归》，从中可见到战场实况：

归咏夕阳天，矶边泊战船。
云开千嶂月，风敛一江烟。
列阵朝擒贼，谈兵夜扣舷。
誓将身许国，何止著鞭先。

这是杨岳斌最为后人称道的一首五言律诗，激情豪迈，铺张大气，壮怀激烈，风骨遒劲，颇有唐代边塞诗的遗韵。

第七章　水师战法

杨岳斌虽然是一介武夫，但他是个用心的人。每次战前，要分析敌情，做到知己知彼。每次打完仗，休战时，都要总结经验教训，明白得失。

湘军水师刚建立时，因为与太平军水营近军作战，对方开枪开炮，杀伤力大。军士们总是想方设法躲避炮弹，并想办法做好防备。

最开始，他们按照近代兵书中记载的方法，在船上张布渔网、湿棉絮、牛皮和盾牌等，用来防护对方的枪炮。但是效果不好，铅弹会击穿防护层，伤人。

接着，他们又用竹条编成细鳞一样的席子，将棉絮、皮革等密密地覆盖在上面，但铅弹的来势太猛，无法遮挡。事实证明，两种办法都不行。

通过几次实战，杨岳斌开始发挥湘西人不怕死的精神，每次进攻时，干脆身先士卒，立在船头，指挥前进。他有几句口头禅，“怕死不得高官做”，“要死卵朝天，不死万万年”。这是湘西一带的俗话，意思是说，人的生死，在于天命，命中该死，是逃不掉的，所以不要怕死。而一旦不死，则是立功受赏，可以享受荣华富贵。因此，只要一上战场，他早已把生死置之度外，所以无比勇猛，所向披靡。

同时，他鼓励军士们都要勇敢，不用任何遮挡，冒着敌人的炮火冲锋。因为没有遮挡，船的速度更快，往往一下子就冲入敌阵，使对方枪炮不便施展，失去了优势。而湘军不怕死的英勇气势，早已使太平军看得目瞪口呆，甚至闻风丧胆。因此，湘军的士气更加高涨，往往能打胜仗。

杨岳斌、鲍超甚至认为，只有无所畏惧才会勇敢，所谓谨慎就是胆小。狭路相逢勇者胜，他们是勇敢的将领，亲自指挥部队作战，奋勇当先，就能取得胜利。如果自己躲在后面，让部下指挥作战，就可能失败。所以在作战中，他们常常冲在最前面，既做好表率，也鼓舞士气。事实上，很多战争就是这样取胜的。

因此，在水战中，湘军将士们已经不怕太平军开炮轰击。舢板上的军士们都是头无遮拦，勇立船头，划船前进。如果有谁低下头来躲避铅弹，大家都会讥笑他，认为是莫大的耻辱。

杨岳斌带领水师，又摸索出一套作战规律。

水战中，为了赶超太平军，小船速度最快。船分三等，有大有小，大船主要载辎重，办生活。真正用于作战的是小船，即舢板。如果没有快速舢板，大小船都会失去作用。

湘军在每一艘舢板船上设置一名哨官，控制船的进退。每艘船都可以独立作战。哪怕其他的船都撤退了，只剩下一艘船，仍可以前进、作战。

但小船也有缺点。遇到暴风掀起波浪，舢板就稳不住，这时，需要大船来保护。大船一般不能直接用于作战，快蟹和长龙都是用来指挥作战的。这样，即使战败了，可以将它们抛弃，将士们可以乘坐舢板作战或逃跑。

水师扎营时，要注意拉开距离，不要让船只靠得太近。小船旁靠陆洲，大船横在中流，要注意避开暴风，防止它们相撞，乱成一团。

休战时，军士们要守在船上，禁止他们登岸。船帆、桅杆、船篙、橹桨和船炮等，可以随时修造。舢板是敞露的，没有篷板，宿营时，各自用夹层帐篷遮风挡雨。军士们又造长龙船，编为公船，饮食起居都在上面。

因此，湘军的阵容，水师最为壮观。大小船只一起，浩浩荡荡。而有了水师，整个部队登陆下水，都很方便。

通过训练和战争实践，杨岳斌的水师作战已经很顺利，所到之处，攻无不克，战无不胜。船上的战士，即使被太平军的炮火炸死炸伤，但只要剩下几个人，仍然能坚持战斗，取得胜利。

杨岳斌率领水师在与太平军水营作战中，还摸清了一些水上规律，成为他获胜的法宝。

他觉得，逆风逆流，最有利于水师进攻作战；其次是顺流逆风；顺风顺水则是水师作战的大忌。

顺风顺水，战船前进固然疾驰如飞，但是有进无退，路线单一，稍有差池，就会陷入对方的重围，船炮发挥不出威力，兵力没有接济，孤军深入，必然溃败。

逆流逆风，前进速度稍慢，但方向、节奏、阵形的主动权，都可以自己把握，船炮的威力能够充分发挥。要退军的话，则变成顺风顺水，特制的战船跑得快，太平军改装的商船肯定追不上，所以常常获胜。

杨岳斌把水师的一些战法和经验总结起来，在自己部队训练时推广，并多次说给曾国藩听，曾国藩于 1855 年写下了《水师得胜歌》。

《水师得胜歌》以“顺口溜”的形式，通俗易懂地宣传湘军水师制胜的 8 个要点：

第一船上要洁净，全仗神灵保性命。

第二湾船要稀松，时时防火又防风。

第三军器要整齐，船板莫沾半点泥。

第四军中要肃静，大喊大叫须严禁。

第五打仗不要慌，老手心中有主张。

第六水师要演操，兼习长矛并短刀。

第七不可抢贼赃，怕他来杀回马枪。

第八水师莫上岸，止许一人当买办。

吉首峒河，杨岳斌是这条河上的“浪里白条”，这为他后来加入湘军水师创造了条件

这些要点基本上是杨岳斌、彭玉麟等水师将领总结出来的，曾国藩把它们编成歌词，叫水师军士们传唱，起到一定的教育鼓动作用。

第八章　湘西兄弟

杨岳斌在养病过程中，回忆起这些年的战争经历，想起军中那些湘西的兄弟们。

战争闲暇时，他经常与那些湘西兄弟们喝酒、聊天。

湘西人生性爱喝酒，朋友们久别重逢，营中来客，或者走亲访友，等等，都要喝几杯。不喝，难以倾诉感情，难以增进友谊。几杯酒一喝，什么旧恨新愁，江湖恩怨，都可以瞬间冰释。

杨岳斌最喜欢一起喝酒的，大多是湘西人，他们都是湘军的一些将领，有水师的，也有陆师的。同是乾州直隶厅的有邓绍良、罗荣光，凤凰的有田兴恕、张文德、沈宏富、刘士奇等人，还有芷江的李成谋，古丈的杨占鳌，泸溪的张世富，等等。他们都是先后加入湘军的湘西人，因为作战勇猛，这几年大都立功受奖，有了一定的官职。

这些人，同大部分湘西人一样，有几个共同特点：

首先是都爱酒，都能喝。湘西人，出生于湘西的大山中，长年穿行奔走于高山野岭之间，自小受长辈熏陶，耳濡目染，一般都爱喝几口。又因运动量大，喝点酒出一身汗，撒一把尿，很快就醒了，所以量大。真正喝酒的人，还要专喝高度的，酒精度低的不过瘾，像喝水一样。

其次是讲感情，重义气。湘西人都有热情好客的传统，“朋友来了有好酒”。只要有朋友来了，倾其家中好酒好菜招待，要让朋友吃饱喝足才算尽情，千万不能让客人留下遗憾。所以只要客人是喝酒的，轮番

湘西山高路远，老百姓从小具有刻苦耐劳、勇敢无畏的个性

斟酒、劝酒，直喝得云里雾里，双双醉倒才肯罢休。

再者，湘西人性直、勇猛，不论是战场上还是酒场上，从来不服输。“宁愿伤身体，不愿伤感情”，“要吃牛肉坎下掀，喝点小酒怕个卵”。这也是湘西人的豪爽雄浑之处。

经常同杨岳斌喝酒的主要有这么几个人。

邓绍良（1801—1858），字臣若，乾州直隶厅（今吉首市）人。

邓绍良父亲邓士俨，考取岁贡生，曾任平江训导，是当时比较受称道的人物。邓绍良自幼读书习武，才智过人。稍大以后，参加乾州地方部队，补新场堡屯把总。道光末年，参加征剿湖南新宁李沅发起义，因战功提升为千总，晋升为守备。

邓绍良大杨岳斌21岁，差不多大两轮，是杨岳斌的父辈，并且与杨岳斌父亲交好。因为邓是乾州厅名人，杨岳斌18岁时，入乾州厅协台衙门当兵，就是邓绍良的手下，他们可以说是忘年交。在新宁围剿李沅发起义时，他们又走到一起，加深了了解，增进了感情。杨岳斌对邓绍良满怀敬仰，邓绍良也对杨岳斌比较看重。加之湘军中湘西人比较少，因此，他们常常走到一起。

1849年，邓绍良率500人参与围剿李沅发领导的农民起义。第二年，在新宁县城对面的金峰岭上，参与活捉了农民起义领袖李沅发，升为提标都司，赏扬勇巴图鲁名号，换戴花翎。

1851年，太平天国起义，很快占领广西桂林一带。他跟从提督向荣到广西庆远与太平军作战。初战告捷，太平军窜至浔州，据守大黄江。他指挥军队渡江，与太平军对垒。这时，太平军另一支部队从牛排岭来犯，他率领精骑500横冲直撞，张开左右两翼，将两路太平军击退。又战象州，乘胜追击，抵达永安，连打胜仗，升为游击。

1852年，太平军围攻桂林，邓绍良率军增援，一个昼夜行军300里，猛攻桂林城西。桂林解围，邓授楚雄协副将。

太平军进攻湖南，他奉命镇守宁远，后守衡阳。太平军进攻长沙，他率军驰援，在城南外围烧毁太平军营垒，阿弥岭打退太平军进攻。当时太平军攻城不下，改挖隧道，城内听到地下挖掘的声音。湖南巡抚张亮基急招邓绍良率 800 人入城应急。九月，长沙古城魁星楼侧，太平军用地雷炸塌城垣，城墙崩塌数丈。守军与太平军肉搏。邓绍良身先士卒，拔刀独守城墙缺口。太平军猛攻登城，邓绍良挥刀砍翻当先一人，气势镇住对方。部下齐聚缺口，英勇抗敌。这时，太平军开炮射击，炮弹打穿了他的右臂，鲜血淋漓，他仍坚守阵地，不下火线。此役共消灭太平军一百多人，守住了城墙缺口。接着，他又指挥士兵累土，修复了城墙。

1853 年，邓绍良升任安徽寿春镇总兵，又晋升江南提督。

另一人是罗荣光（1833—1900），乾州厅（今吉首市）雅溪人。

罗荣光比杨岳斌小 11 岁，他幼年丧父，家境贫寒，靠母亲弹棉花抚养成人。罗荣光青年时代，身材高大，气粗体壮，除了在家耕种三亩薄田外，还常靠做木匠贴补家用。

一年春节，因参与赌钱，被老母亲训斥，骂他“男子汉，不做正事，没出息”。他听到后，赌气带了三个包谷粑粑，跑到乾州协台去当绿营兵，希望以后有点出息。一个月后，他回家看望母亲。到了距家五六里的地方，碰到几个熟人朋友。熟人趁机讥笑他说：“罗老二，你是生成的下贱命，当绿营兵吃饱饭不好，还挂牵屋里的包谷粑。”他怕回家被寨上人耻笑，决意远离乾城，投奔曾国藩的湘军。

进入湘军后，他因为作战勇敢，冲锋陷阵，连升把总、守备等职，是湘军的后起之秀。

因为杨岳斌的妻子姓罗，所以按湘西人的叫法，罗荣光称杨岳斌为姐夫。杨岳斌也乐于答应。两人由老乡而变成“亲戚”，成为好友至交。

还有竿军的首领田兴恕等人。

田兴恕，字忠普，苗族，清道光十六年（1836）生于凤凰竿子坪乡牯牛坪。

田兴恕七岁丧父，十一岁丧母，十八岁失去亲哥哥。小时家贫，给地主放牛。因顽皮，牛偷吃一富人庄稼，他被人抓住，强行喂了一嘴牛粪。受此奇耻大辱，母亲只得带他们兄弟迁到镇竿城北郊的擂草坡，在“饷兵庙”栖身，以割马草为生。

田兴恕小时候身材瘦小，生性好玩。卖马草时，有一天，他把一担马草放在曾做过知府的朱家大门口，与别的顽童在一旁滚铜钱。朱家小姐进门时被马草阻挡，数落了他几句。他回敬说“你不要凶火（生气），等我当了官，一定讨你做嫁娘（老婆）”，气得小姑娘面红耳赤。

1852 年，未满 16 岁的他和一批凤凰青年张文德、沈宏富等入竿军，随乾州参将邓绍良赴长沙与太平军作战。

竿军是清军中一支最骁勇善战的部队。当时太平军围攻长沙，他们随军守城。开始，他随标队防守天心阁。太平军久攻长沙不下，准备挖地道埋火药炸开天心阁城墙。清军知道后准备派人出城侦察，田兴恕自告奋勇出城打探。因为他个子矮小，像个孩子，太平军一点不防备。他侦察清楚后，清军由城内打洞，接近太平军打的隧道时，点燃炸药，将打洞的太平军炸死，然后用湿棉絮堵死洞口，打破太平军进攻计划。田兴恕因此立功，得到巡抚骆秉章发的 50 两赏银。

当天晚上，他即带着赏银去参与赌博。赌徒欺负他年少，把他打晕，摔到城墙脚下，抢走他的银两。长沙知县夜里巡夜时发现了他，查看腰牌，才知道他就是当天受赏的田兴恕。见他尚有气息，派人背回县衙。第二天，县长写了禀帖，把他送到府台衙门去。

当时，左宗棠给湖南巡抚骆秉章当师爷。那天早上，骆秉章对他说，昨夜做了一梦，梦见老虎跑上大堂。左宗棠为他解梦说，今天怕要收虎将了，骆秉章将信将疑。

左宗棠于是传令，今天不论何人求见，都传进来。接着就见田兴恕走了进来。骆秉章见了田兴恕瘦猴模样，不禁大失所望。左宗棠却认为，人不可貌相，就安排田兴恕在府台衙门当武巡捕。

后来太平军占领河西，清军招募敢死队夜袭太平军营，田兴恕踊跃报名。他乘夜色划小船潜入敌营，放火烧营。他动作快，很快将太平军军营点燃多处。一时间，火光冲天，如同白昼。他也被太平军发现，数百人追赶他。情急之下，他跃入湘江，泅水逃回，被提拔为哨官。

此后，随部队连年征战。咸丰六年（1856），因作战勇猛被提拔为营官，统领五百人，号称“虎威营”。虎威营因攻无不克、所向无敌，在湘军中独树一帜，被称为“虎威常胜军”。他们喜欢在左臂刺上“虎威常胜军”的青字，攻城格斗时，常赤裸左臂，挥刀跃马，自家人互相呼应，鼓舞士气。敌方见之闻风丧胆，视为洪水猛兽，因而有“无湘不成军，无竿不成湘”之说。咸丰八年（1858），积功至副将，加总兵衔，赐号尚勇、挚勇两巴图鲁。

上面是陆军将领，还有水师将领李成谋、杨占鳌、张世富等。

李成谋（1830—1892），湘西芷江潕水边人。他小名三元，出身贫苦，父亲是一个补锅匠，兼打零工养家糊口。

传说李成谋母亲怀他时，做了一个恶梦，梦见一只黑虎，张牙舞爪，把她扑倒在地。他自幼在水边长大，水性良好。读了 3 年私塾后，十几岁，便学着补锅。他身长八尺，力大无穷。咸丰四年（1854），投效湘军水师杨岳斌营充当哨长。跟随杨岳斌攻克湘潭、岳州，升为千总。转战湖北，战败太平军于倒口，拔沿江木栅栏，毁盐关太平军船只。攻克武汉，擢升守备。

据说李成谋的名字，是曾国藩为他改的，并赐字与吾，鼓励他多读书，有谋略。

攻克田家镇，他驾船追太平军水军，上至武穴，下至龙坪，往来征战，歼毙甚众，提升为都司。咸丰五年（1855），从战塘角，焚烧太平军船只两百多艘，乘风夜抵武昌城下，炮击太平军船只，擢游击。攻金口时，从北岸进攻，攻占太平军营垒。又连破太平军于坛角、鲇鱼套，擢升参将，赐号锐勇巴图鲁。

李成谋生得牛高马大，豪气干云，能一手竖立船上的大桅杆，是杨岳斌手下的一员猛将。

杨占鳌，又名杨焕煜，古丈县古阳镇人，生于清道光十二年（1832）。杨占鳌在家排行第二，小名杨二同。他早年丧父，靠母亲养大，家境十分贫寒。小时候经常泡在古阳河里游泳，捉鱼捞虾，因为顽皮多事，也经常受到母亲的训斥。但他是个孝子，从不与母亲顶嘴。夜晚玩得太晚，不敢归家时，就睡在街边商家的铺台上。

清咸丰四年（1854），杨占鳌22岁，经母亲做主，娶妻谢氏。因为家贫，经常赊东西吃。一天，他赊了几块豆腐回家，炒熟后正准备吃。遇到债主进屋讨账，把他家的鼎罐提走作抵。母亲得知后，大怒，操起一根木棒追着要打他。杨占鳌惧怕母亲，逃到城外三道河。看到母亲追来，正无路可走。那天恰逢河里涨大水，杨占鳌望着滔滔洪水，便纵身跳进河里。眼看河水淹没儿子的头顶，母亲站在岸上，吓得连声呼叫。

杨占鳌水性很好，游过河后，心想，堂堂七尺男儿如此过活实在窝囊，便在对岸含泪朝母亲深深鞠了一躬，随后即沿河而下，出走外乡。

这一年，正逢湘军水师将领杨岳斌回湘西招兵募勇。杨占鳌便投奔到杨岳斌部下，在衡阳参加集训。因为他水性好，勇猛直率，又是湘西老乡，同姓杨，得到杨岳斌的关照。

随后，一直跟随杨岳斌作战。每次作战时，他手持长枪，挺立船头，左挑右刺，大声呼吼，如入无人之境，成为杨岳斌手下一员得力干将。屡立战功，得到不断提升。

杨岳斌每次与老乡聚会，还把部下张世富带着。张世富，字恺臣，别名德胜，清道光十八年（1838）生于泸溪县武溪镇东北郊岩龙头，苗族。

张世富幼年家中特别贫穷，父亲英年早逝，家中买不起棺材，只能以稻草包裹着埋葬。据传说，他父亲葬于一处牛形地，刚好位于牛嘴部位。而牛最喜欢稻草，所以一葬下去，后人很快就发迹。

他自幼为人放牛谋生。因为生长于沅江岸边，天天在河边生活，练成良好的水性。16岁，遇到杨岳斌水师营到泸溪招募。等他听说后，匆匆赶到河边，接兵船已经离岸四五米了。他情急之下，抢来旁边船只的一根篙竿，撑到水中，一跃而起，飞身跳到船上，就像《渡江侦察记》中的一幕，把船上人看呆了。杨岳斌也看到他的功夫，自此把他带

湘西河里行驶的帆船

在身边，对他寄予厚望。

他跟随杨岳斌作战时，每战必先登，冲锋在前，特别勇敢，深受杨的眷爱。提拔为标营亲兵什长。每次打胜仗，所得封赏，他都分给同伴和部下，十分讲义气，深受下属拥戴。

1854年8月，湘军水陆两路与太平军会战于岳州，水师统领褚汝航所率舟师被太平军所歼。而杨岳斌所率舢板队，突入太平军船队后，将其辎重船只焚毁。杨岳斌升为湘军水师统领，因张世富立首功，升为营官。

在湘军中，湘西人除了作战勇猛，不怕死之外，喝酒也很有名气，他们敢于醉，不怕醉，醉后骂娘，讲粗话，所以一般人都不敢与湘西人斗酒。

第九章　再战湖北

收复田家镇以后，湘军水师沿着长江，一路推到江西的九江。但这时，湘军水师面临着东征以来两大困难。

一方面，湘军水师东征之时，正遇到太平军北征。此时，遇到太平军主力部队——防守九江的林启荣和驻守湖口的罗大纲、石达开等人的部队，这些部队是太平军西征的主力，已非以前遭遇的先锋部队。此外，湘军水师又犯下一个严重错误，就是在九江城尚未攻陷之时，进攻湖口，从而埋下日后水师被隔断为两支，难以互相照应的隐患。

另一方面，太平军水营战败后，吸取教训，进行了造船和战法的一些改革。以前太平军的战船都是抢掠来的商船，稍加改造就与湘军水师作战，这些设备根本赶不上湘军重新打造的新式战船，所以他们一遇到湘军水师，往往一败涂地。湘军水师一路势如破竹，动辄烧毁他们成百上千船只。咸丰四年（1854）十月以后，太平军开始模仿湘军水师的战船造船，打造出与湘军水师一模一样的战船，使他们之间在战船上分不出优劣，作战中也就没有什么优势。

此后，在湘军水师轻易冒进的情况下，被太平军分割为内湖水师和外江水师，彼此之间无法照应，只能各自为战，战斗力大大削弱。在这种情况下，太平军连续袭击曾国藩大营，并焚毁湘军水师炮船 50 多艘。

咸丰五年（1855），九江的湘军水师失利，太平军再进攻湖北，又一次攻陷武昌、汉阳。

三月，湖南巡抚骆秉章给清廷上奏说，杨岳斌忠勇善战，廉明朴讷，众心素附，宜令招集部曲，修船添械，督师东下，重清江面，与曾国藩湖口一军会合。

当时，太平军据守九江城，于湖口梅家洲屯兵，与九江鼎峙。北边屯军小池，以抗拒湘军陆军。湘军李孟群等攻城，不利。太平军见湘军水师出动，也尽量用水战，多造小艇，依靠大船出动作战。从此，双方进入相持阶段，并多次给湘军带来不利。

此时，杨岳斌还在武穴养伤。得到命令，尽管身体尚未完全康复，立即统率自己的水师船只，赶赴武昌军营，与太平军作战。

六月，杨岳斌从湖南岳州征募水师和战船，同先前部队一起，合计共10营。内湖肖捷三等征募军队屯聚南康，共8营。杨岳斌到了金口，就一起商议围攻武昌。他觉得李孟群所部攻势弱，就留下李孟群陆军守金口，而让胡林翼和彭玉麟率部队先入汉水，攻蔡店。

彭玉麟以小船入沌河，攻掠赤野湖东面，而北到汉水至涢口，顺流东还。北破宗关石垒，南攻汉阳太平军船队。太平军在岸上炮击，因距离太远，打不到他们。于是，北攻汉口。太平军船队出来，溯流而上，想抄彭玉麟水师后路，两面夹击。彭玉麟部队奋勇冲杀，夺得太平军船只9艘。出汉口，攻破太平军浮桥，烧毁太平军船只300多艘。太平军战败，三天不敢出战。

杨岳斌从外江来会师，同出江，屯兵沙口。沙口位于武昌下游30里，至沌口60里。还沌口，要从武昌、汉阳城下经过。杨岳斌带兵前来，太平军没有任何防备。杨岳斌原想以奇兵偷袭武昌或汉阳，而彭玉麟从汉口渡江，距武昌、汉阳两城远，迟迟赶不过来。导致杨岳斌屯兵沙口，不能协助攻击战，白白浪费了机会。于是商议退回去。大家的意见由汉水入沌河，虽然迂回较远，但可以躲避炮弹。杨岳斌却说："大丈夫行军，有什么躲避的。浮在江上下行，溯江而上，都可以，只要快就行。"彭玉麟听了他的话，觉得有点刺耳，只得听从杨岳斌的意见，叫战船张开帆就先行开拔了。

太平军已经做好了准备，侦察到湘军水师出动，城上大炮齐发，向彭玉麟部队轰击。彭指挥部队冒死进军，结果战船被击沉 4 艘，中炮牺牲 300 多人。一发炮弹打来，彭玉麟战船桅杆折断，不能前进。这时，远远看见杨岳斌的战船开过来，部下大声呼救。杨岳斌的船很快开过去，再没回来。这时，幸好营官成发翔驾着一艘舢板前来搭救主将，才将彭玉麟救上来。

事后，很多人都为彭玉麟打抱不平，认为杨岳斌见死不救，不讲义气。但彭玉麟不以为意，淡淡地说："可能是风高浪急，他没有听到吧。"此事惊动了湘军大佬胡林翼，亲自邀约两人，摆酒替两人和解，于是两人从此和解[1]。

七月，杨岳斌水师配合各路大军，攻下汉口镇，荡平汉阳城外太平军营垒。与彭玉麟部一起，毁坏襄河口铁索浮桥，血战十日，斩获无数。

九月，退兵屯守新堤，修造船只，精简部队，各营水师淘汰十分之三，使队伍更加精锐，以图大举。

十月，湖北布政使胡林翼上疏称，杨岳斌每战必先，病不言劳，功不言赏，志识高出寻常，为水师将才最。

当时载杨岳斌已擢升湖北阳镇总兵。很快，提拔兼署湖北提督。

十一月，军队开赴金口。他派遣部下都司鲍超等，环绕猛攻太平军船只，将他们全部击沉，使太平军水营失去战斗力。太平军陆军见势不妙，也放弃营垒，逃跑了。于是，开进沌口。十二月，又在站鱼套及南岸嘴大败太平军。

咸丰六年（1856）四月，杨岳斌水师会同湘军陆路部队进攻汉阳，派李成谋等下驻沙口，截断太平军水运。亲自督战所部进攻两岸太平军营垒。当时汉阳东南沿江一带有太平军船只 200 多，利用排炮坚守，阻止湘军进攻。

杨岳斌已经憋了几个月。自上年十二月至这年二月，由于太平军水

1 王闿运《湘军志》水师篇第六。

营增添了力量，他的湘军水师在长江上处境越来越困难。与太平军苦战多次，不仅没有消灭太平军，太平军水营船只反而越来越多，力量还在扩充。他想，湘军水师与太平军水营终有一场大战。湘军水师长期避战，终究不是办法，应该深入敌后，发动突然袭击，将太平军船队烧毁。

他指挥部队准备火船，利用火攻，去消灭太平军。他招募敢死队300人，为他们喝酒壮行，勉励他们说："成功归来者，每人犒赏一百金。有一定官职的，提拔两级。没有官职的，提拔为六品实职。请大家不要辜负我。"[1]

酒足饭饱之后，勇士们挂起风帆，划桨前行，乘着南风，直逼太平军南岸嘴屯居船队，将太平军战船200多艘全部放火烧起来。纵火后，他们很快跳上舢板，尽快逃走。此战，己方死哨官1人，伤勇丁40人，其余乘胜归来，杨岳斌亲自迎接并颁赏。这样，太平军水营能战的战船200多艘被烧成灰烬。此举，令湘军和太平军大为惊叹。接着，又战败黄州等地派来援助太平军的敌人。

五月，率领李成谋等进攻黄州，经过兰溪、武穴、龙坪，直抵九江，沿途扫荡太平军两岸船队，驻扎沙口。

七月，九江太平军首领石达开带领部队来增援江宁。湘军将领都兴阿率陆军在黄州据敌，杨岳斌以水师策应。很快，攻破油坊岭上青山太平军营垒。九月，大败太平军增援部队于蕲州。十一月，湘军水陆两军会攻武昌、汉阳。水师上下夹击，杨岳斌督阵指挥，将太平军水营船只全部烧毁，两座城市同日攻克收复。太平军残部一万多人，被斩杀者、溺亡者无数。捷报上奏到京城，杨岳斌赏加提督衔。

杨岳斌乘胜同记名按察使李续宾陆军开进樊口，攻破武昌县，连克黄州。当即驶往下游，攻克蕲州。大军开到江西九江，先剿平北岸小池口，将太平军水营消灭，将战船全部没收后，会合陆军进攻府城。

因杨岳斌连年在外作战，无暇探亲，老父老母和妻子儿女对杨岳斌

1 王闿运《湘军志》水师篇第六。

十分牵挂。这年冬天，父母带着儿媳孙子到九江陆家嘴探亲。因为战乱，直到第二年正月，才到达杨岳斌驻军所在地。一家人团聚，自然十分高兴。二月归时，他们一路上看到杨岳斌指挥作战、攻城、焚船、夺垒之处，看到战争的残酷，一家人泪流满面。

咸丰七年（1857）正月，曾国藩亲自在吴城迎接和慰劳各军，上疏报告说，杨岳斌与李续宾、都兴阿等，积劳之后，屡胜之余，犹复日夕兢兢，夜不解带，军威严肃，士气朴诚，实为不可多得之劲旅。对他们予以高度评价。

二月，曾国藩父亲去世，丁忧离营，上奏说："臣军事以水师为大，杨载福（杨岳斌）所统十营，彭玉麟所统八营，合大小战船五百，炮二千，请以署湖北提督杨载福为总统，惠潮嘉道彭玉麟为协理。"[1] 皇上嘉勉杨岳斌，命令他统带曾国藩一军，与彭玉麟协力督剿。

四月，太平军再侵犯蕲州的罗田，号称十万兵马。都兴阿等分军从陆路增援，杨岳斌亦派水师扼住蕲州要路。

五月，杨岳斌亲临现场布置作战。

六月，派都司胡友亮先绕广济搜寻内湖太平军水营，歼灭童司牌太平军营垒。

七月，蕲州水师屡获大胜。

八月，蕲州黄州太平军被肃清，杨岳斌率军会同陆军攻战小池口太平军占领的城池。

1 王闿运《湘军志》水师篇第六。

第十章　湖口之战

1854年底，太平军在田家镇大败之后，部队集中到江西九江对岸的小池口。以九江、湖口、小池口等地互为犄角，想在这里与清军长久对峙。

九江一直是太平军占领的，清军多次久攻不下。

湖口地处江西省北部，长江中下游的南岸，是江西水上的“北大门”。它是中国第一大河流长江与中国第一大淡水湖鄱阳湖的交汇口，故名湖口。

湖口东临彭泽，南接都昌，西与九江隔鄱阳湖相望，北与安徽的安庆市襟长江为界，地理位置十分重要。一旦作战，西有九江为保障，北有安庆太平军来援。

太平军到了这里后，仿照湘军水师的战船，造出了一些新式战船，在战术上也有了提高，不仅让湘军水师一时找不到破敌之策，他们还经常找机会偷袭湘军水师。

不久，湘军水师进攻鄱阳湖口、八里江等处。太平军首领罗大纲鉴于湘军水师优势，难以力胜，于一个夜晚，出小船百余只抢先发起偷袭。太平军水营三五一联，纵火下放，两岸布兵千余人呐喊助威，并兼放火箭火球，对湘军施行火攻。但湘军防守严密，火攻未能奏效。后来，太平军常以类似战法对湘军袭扰，使其夜不安枕。太平军还在鄱阳湖口设置木簰数座，严密封锁。

接着，太平军击退进攻梅家洲的湘军陆师，但设于鄱阳湖口的木簰被湘军水师焚毁。为阻止湘军水师攻入湖内，太平军当夜用大船载以沙石，凿沉堵塞航道，仅在靠西岸处留一隘口，拦以篾缆。

湘军水师营官萧捷三等率120余只轻便战船，乘陆师攻梅家洲之际，冲入湖内，直达大姑塘以上。太平军指挥将领是石达开，他指挥部队把握战机，将隘口堵塞。这样，湘军水师被分割成外江和内湖两处。在外江，均为长龙、快蟹等笨重战船，很不灵活，难以独立作战。当晚，石达开派小划数十只冲入湘军水师大营，焚烧湘军水师船40余只，其余败退九江。

不久，罗大纲率军渡江攻占九江对岸之小池口。一个夜晚，太平军从九江、小池口以轻舟百余只复攻泊于江中的湘军水师，焚毁大量船只，曾国藩座船亦被夺获。曾国藩投江自杀，被左右救起，狼狈逃往陆营。

这些战事发生时，杨岳斌还在养病，没有参与。

现在，杨岳斌带领湘军部队，又来进攻湖口。这时已是1857年的九月。

杨岳斌是这场战役的核心指挥者。这次作战，不同于以往指挥水师单兵作战，而是水陆并举，集中各方力量，夺取湖口。因此，杨岳斌经过深思熟虑，认真备战，通过内外结合、联合作战的办法，夺取胜利。

前面讲过，湖口是鄱阳湖入长江之口，被视为江西省的门户，战略地位非常重要，它也成为太平军进援九江的前沿阵地。

当时，湘军认真备战，杨岳斌秘密与湘军陆师、彭玉麟内湖水师约定时间，联合进攻湖口。太平军此时将湖口的旧城拆毁，于下石钟山的山麓到山巅，垒石筑墙如长城一样，想坚守湖口。

经过严密分工，李续宾率陆师由下游攻湖口之背，杨岳斌率外江水师攻其前，候补知府李续宜带兵攻扑湖口对岸的梅家洲，彭玉麟率内湖水师同时从鄱阳湖杀出来。

彭玉麟率领内湖水师分三队出湖。舢板队一马当先，大船随后进发。彭玉麟带领战船攻打湖口城东，黄翼升率内湖右营攻打梅家洲，杨岳斌在临江口开炮接应，夹击下石钟山。

太平军集中兵力对抗内湖水师。湖口城内与梅家洲两岸的炮火如雨点般射来。他们推算湘军水师战船必须经过石钟山下一座石崖，这座石崖高矮与舢板差不多，便将巨炮拖到石崖口，瞄准湘军水师船只开炮。一发炮弹击中领先战船，都司罗胜发阵亡，彭玉麟命令该船返航。第二艘船继续上前，也有人中炮阵亡，只得返航。后面的战船不断前进，受到炮击，人员相继伤亡，船队不敢后退。

有将士出来说，这样派军士冒着炮火前进，伤亡太大，不合兵法。

彭玉麟站出来，激动地说，自从水陆作战，已有五年，精锐忠勇的战士，已有上千人在这里牺牲。湖北和江西，已有几十万人因此被屠杀。每次想到这里，心如刀绞。我们长久受困，如果不突破这个险关，就无法生存。今日是我的死难日，我不会让战士们单独死去，也不会让怕死者独生，还怕什么？于是，亲自擂鼓前进。

太平军崖上的大炮因发射炮弹太多，炮管烧焦，炮弹落在近前，炮兵也被震死。湘军内湖水师战船，趁机鱼贯而出，开到长江，与外江水师会合。

湘军水师自 1855 年初被太平军分隔成外江与内湖之后，历时两年多，这次终于会合，一时长江上欢声四起，江水为之震动。沿江的太平军水营，顿时处于劣势。湘军水师所到之处，抛火焚烧，太平军战船，大都化为灰烬。

突然，湘军水师战船被铁网挂住，篙楫齐动，都不起作用。岸上的太平军又集中火枪射击，一时处于十分不利的地位。正在这时，李续宾的湘军陆师，事先潜伏在城背山，这时从后山冲下来，旌旗挥舞，鼓角齐鸣，太平军猝不及防，大溃而走。

三军会合后，当晚，太平军守将黄文金见湖口再难守住，打开城门，突围逃跑。梅家洲守军，见湖口已攻破，也放弃营垒，逃走。

至此，太平军湖口陷落。

杨岳斌在此次战斗中，采用水陆联合作战的形式，内外结合，把多点进攻有机协调地结合了起来，并最终取得了战斗的胜利。而此时的太平军依然采取消极的防守，缺乏灵活性与多变性，自然难以抵挡，最后大败。

湖口之战属于湘军史上一次经典的攻城战，它揭开了湘军江皖胜利的序幕，也最终导致了太平军丧失有效进攻两湖的基地，对整个战争的进程有着深远的影响。

湖口之战胜利后，咸丰下诏，遇有提督缺出，由军机处题奏，安排杨岳斌实职。不久，杨岳斌又与陆军联合，攻占小孤山，一路攻克彭泽及安徽望江、东流等县，直抵安庆，又克铜陵，在这里与江南水师巧遇。

原来，他们的船队顺流下到繁昌的老县城峡口，见有很多船只插着清军的旌旗，感到奇怪。派侦探一了解，原来这是江南水师的红单船，由清军定海总兵李德麟率领。李德麟的水师在这里被太平军的小艇阻截，无法溯江而上，已达七个月之久。那些军士们突然看到湘军的旗帜，有如天兵降临，大为吃惊。

清时，广东商人造船需禀报海关，给予红单以备稽查，故所造船名“红单船”。这种船体大坚实，行驶快速，每艘可安炮二三十门。后来，广东官员雇募它们用于海防。太平天国时期，清政府把红单船武装调至长江流域镇压太平天国，起到了一定的作用。因此在江南一带，红单船很有名气。

杨岳斌的水师十天之内，转战千里，所向披靡，创造了湘军水师征战的奇迹。杨岳斌去见李德麟，红单船的军士们都来围观，认为这位将领竟然穿过太平军占领区，简直令人难以置信。

李德麟说，他率领所部攻打泥汊的太平军水营，上面悬赏一万六千两银子，可是攻打了七个月，太平军营垒坚不可摧，始终无法攻破。

杨岳斌也不多说话，第二天，就命令部下李成谋率部前去攻打。军士们划桨前进，逼近太平军军营时，放肆掷火。太平军长期松懈，根本

閩粵境間道犯長沙解圍後
由益陽湘陰掠民船萬計系
風過洞庭陷岳州屠武昌三年
正月掠九江殘安慶入金陵據
爲僞都六月由湖口犯彭蠡
犯江西行省江忠烈公忠源以

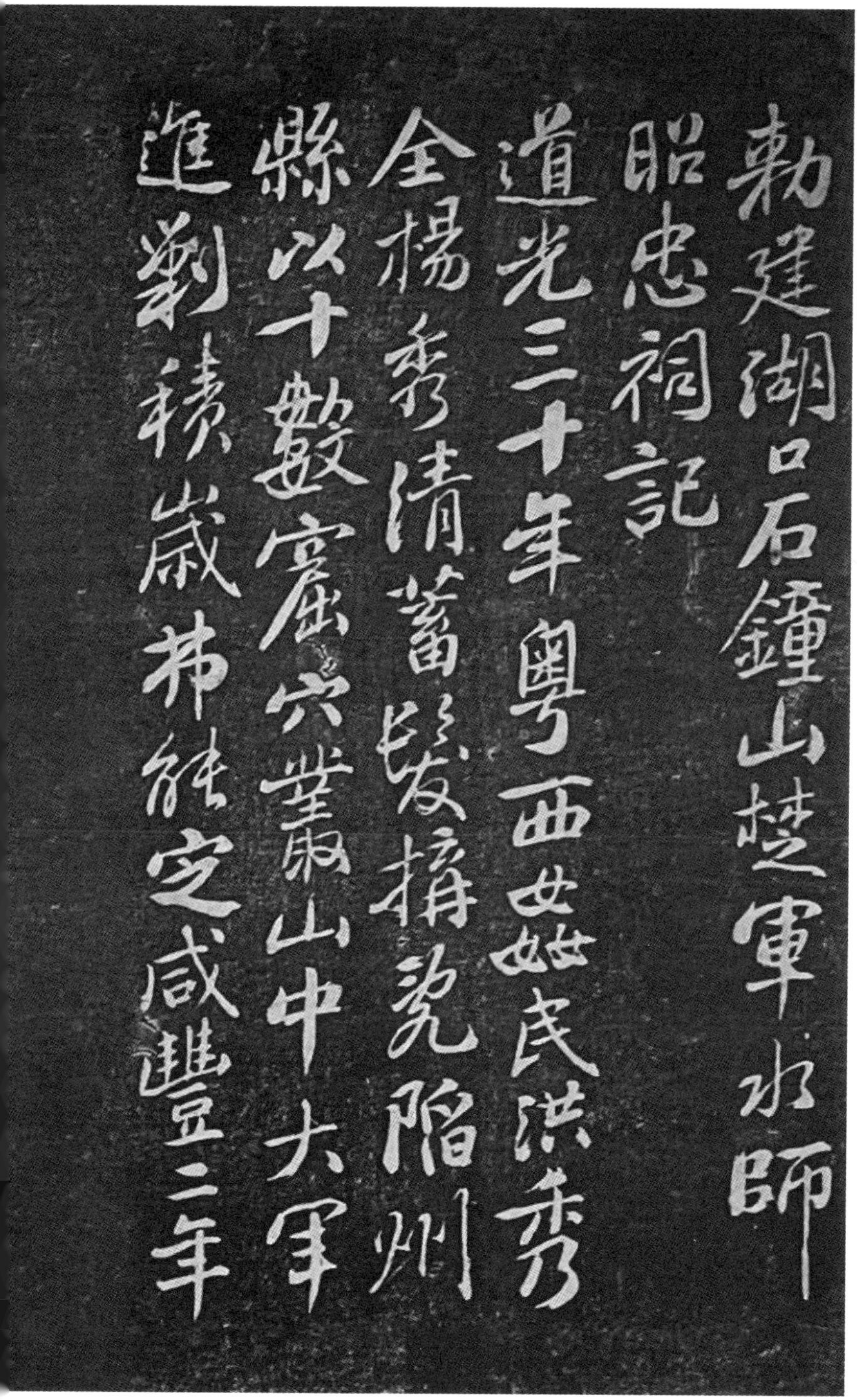
敕建湖口石鍾山楚軍水師
昭忠祠記
道光三十年粵西妖民洪秀
全楊秀清蓄髮擁兇陷州
縣以千數竄匿穴叢山中大軍
進剿積歲弗能定咸豐三年

彭玉麟撰并书《敕建湖口石钟山楚军水师昭忠祠记》（局部）

没想到会有敌军开来，仓促之间，来不及抵抗，纷纷下跪求饶。湘军水师缴获一百尊大炮、五艘战船和六间房子所装的大米，押着俘虏，全部交给了红单船。

李德麟十分高兴，说了许多感激的话。

杨岳斌却非常谦虚，对李德麟说："如果不是李公的部队扼守在这里，我们也无法飞渡到这里。"李德麟的军队大声欢呼。

这个月初，江南提督和春刚刚上奏，谎称清军已在泥汊获胜。而直到现在，才被湘军攻克。于是江南大营不再提泥汊这件事，把它隐瞒过去了。

京师下令嘉奖，杨岳斌转战千里，用兵谋略，实有过人之处。很快，授福建陆路提督，赏赐专折奏事。

胡林翼上奏说，湘军水师肃清江面，李成谋功劳最大。于是，清廷给这个27岁的芷江人加授二品顶戴。

因为攻占湖口前后，湘军水师牺牲的军士比较多，包括营官萧捷三和丁勇若干。咸丰八年七月，杨岳斌、彭玉麟准备建昭忠祠于石钟山，以祭祀楚军水师死难者。他们请曾国藩上疏，得到批准后，立即动工，到第二年七月，昭忠祠已经建设完工。在彭玉麟的操持下，昭忠祠建得朴素大方，周边环境优美。东有浣香别墅；前面是听涛眺雨轩；后面是芸芍斋，斋后建有小亭叫且闲亭，亭下有小池塘；南面穿过石洞东出，栽了许多梅花，叫梅坞。西边的少陟山，建有锁江亭。最高处，建有观音阁。阁外面是魁星楼，是僧徒们居住的地方。又西面叫坡仙楼，刻有苏东坡《石钟山记》在上面。凭高望远，吐纳万景，一草一石，焕然一新。

他们又请曾国藩写文章纪念，曾国藩于是写下《湖口县楚军水师昭忠祠记》。

曾国藩在文章中，对湘军水师的创办与作战经过进行了一番总结，他写道：

当楚军水师之初立也，造舟始于衡阳，大战始于湘潭。其后克岳州，下武昌，大破田家镇。今福建提督杨君厚庵（杨岳斌）与雪琴（彭玉麟）暨诸君子，喋血于狂风巨浪之中，燔逆舟以万计，转战无前，可谓至顺。其后官军深入彭蠡之内，贼乘水涸，大塞湖口，遏我舟使不得出。于是水师有外江、内湖之分，内者守江西，外者援湖北，睠然若割肝胆而判为楚越，终古不得合并。至咸丰七年九月，攻克湖口，两军复合。盖相持三年之久，死伤数千人之多，仅乃举之。

方其战争之际，炮震肉飞，血瀑石壁。士饥将困，窘若拘囚；群疑众侮，积泪涨江，以求夺此一关而不可得，何其苦也！及夫祠成之后，棵荐鼓钟，士女瞻拜；名花异卉，旖旎啾玱；江色湖光，呼吸万里，旷然若不复知兵革之未息者，又何乐也！时乎安乐，虽贤者不能作无事之颦蹙；时乎困苦，虽达者不能作违众之欢欣。人心之喜戚，夫岂不以境哉！吾因是而思，夫豪杰用兵，或敝一生之力，掷千万人之性命，以争尺寸之土，不得则郁郁以死者，宁皆忧斯民哉！亦将以境有所迫，而势有所劫者然也。若夫喜戚一主于己，不迁于境，虽处富贵贱贫，死生成败而不少移易，非君子人者，而能庶几乎？余昔久困彭蠡之内，盖几几不能自克。感彭君新构此祠，有登临览观之美，粗为发其凡焉。

第十一章　九江战后

江西九江一直被太平军首领林启荣率领部队占踞经营长达6年之久，守护得十分牢固，像铜墙铁壁一样，清军屡攻不下。

咸丰八年（1858）三月，李续宾从城墙外开挖地道，用炸药轰炸，炸开了一道口子。但地道被砖石阻塞，湘军进攻稍迟，太平军在林启荣的指挥下，拼死抵抗，致使湘军兵士多人受伤，无法攻进。

四月，李续宾又在城东南开挖地道，约杨岳斌水师进攻北门临江一带。“轰隆隆”一阵巨响，九江城被炸塌一百多丈。湘军将士们发起猛烈冲锋，奋勇登城，与太平军短兵相接，血染城头。

正杀得难分难解之际，湘军水师杨岳斌部下李朝斌的一支部队从江边登城。两路杀入，使太平军首尾不能兼顾，湘军迅速取得优势。

湘军杀进城后，37岁的太平军首领林启荣率部在巷道浴血奋战，受伤严重。

经过一整天的战斗，林启荣被抓获，杀害并被分尸。湘军收复九江城，共擒获斩杀太平军26000多名。其中逃出城的，尽被湘军水师杀死。消息报到京师，杨岳斌赏穿黄马褂，部下都论功行赏。咸丰帝指示，要杨岳斌等统领得胜之师，迅速东下。

当时江西太平军又西窜，逼近湖南、湖北。杨岳斌上奏说，九江克复，臣应立即会合都兴阿马步队伍急趋安庆，派陆师以援剿麻城，肃清长江北岸为先。驻皖官军防剿太湖、石牌各路，尤为紧要，必须等待楚境的太平军肃清，才能会合东下。今查安庆上一百二十里之华阳镇，为江防要地，即率领炮船进驻其间，以水师老营，不时出击，使安庆的太平军不能他顾。等北岸肃清，再与马步队拔营前进。

五月，杨岳斌率部再次攻克东流，进屯黄石矶，连攻安庆，焚烧太平军水营，夺得盐河的船只和营垒。六月，督师船队越安庆，至李阳河，率副将王明山攻枞阳，将港内太平军船只全部烧毁。又派丁泗滨等进攻大通，夺取他们的石头堡垒。杨岳斌自铜陵，经过鲁港，直抵芜湖，察看形势，摸清敌情后，仍旧回黄石矶，派兵收复建德。七月，正式调任福建水师提督。

九月，都兴阿陆军前来会合，联合作战，共同攻破集贤关，再围攻安庆。

事先，杨岳斌派水师船队绕入内湖，三面环击，牵制城内太平军。都兴阿的陆军趁机攻破北门外多处太平军营垒。池州有太平军将士一万多人，抢夺民船前来救安庆。杨岳斌派陈金鳌、王明山大战枞阳，以遏制他们。

十月，湘军猛将李续宾因孤军深入，在三河镇全军覆没。太平军又谋犯楚境，清军暂时解除安庆之围。其后，太平军又多处出动作战，杨岳斌屡次击退他们。十一月，指挥部分炮船向上，扼住湖北的龙坪、武穴、田家镇等。

咸丰九年（1859），太平军石达开率部进入湖南，围攻宝庆（今邵阳市），湖南、湖北震惊。湘军组织各路军马救援宝庆，杨岳斌与彭玉麟驻军黄石矶，分头抗敌。

咸丰十年（1860）六月，安徽一带告急。杨岳斌感到湘军水师战线太长，上奏派遣江南水师将领李德麟、吴全美还守镇江，分别驻扎大通。当时徽州、宁国相继沦陷，湘军陆军自顾不暇。安庆虽被湘军合围，但陈玉成派太平军伺机攻占蕲州、黄州，企图绕到湘军后方，湘军不得不防。

曾国藩受命节制皖南军事，总兵周天受战死宁国，宁国的老百姓逃到南陵，南陵严重缺粮，形势十分危急。皖南镇总兵陈大富写血书向曾国藩求援。曾国藩派不出陆师部队救援，就命令杨岳斌的水师去救急，计划救出南陵城中的军民，放弃该城不守。

杨岳斌接到任务，心想，孤军深入，一定很危险，必须想办法才行。于是，他想出一个声东击西的办法。

九月，下了一场秋雨，长江水涨。杨岳斌率领四营水师，扬言要进攻芜湖。

芜湖距南陵一百多里，太平军长期没有守备。当时太平军在南陵布置了军队，设置了战壕，修建了壁垒，截断了北边港口，企图将南陵军民困死于城中。

围攻南陵的太平军侦察到湘军水师开出，想到南陵不通船，湘军水师无法到来，一定会去攻打芜湖。于是，他们全部连夜奔赴芜湖，中了杨岳斌的调虎离山之计。

杨岳斌率部夜宿芜湖以南二十里的鲁港，半夜下令："跟着我的船前进，抢先者斩！"命令两营屯军港口，他自己登上舢板，指挥掌舵人说："去救南陵！"手下的将士们都很惊疑，也不敢多问，紧跟着杨岳斌的船前进。

南陵港口附近有太平军屯兵三四处，没想到湘军突然杀到，大出意料，哪里敢抵抗，纷纷逃出，躲到城下的大营垒去了。太平军主力大半去芜湖了，湘军对着太平军营垒投掷各种火药，太平军无法作战，四处逃散。

杨岳斌走到南陵城门，叫兵士们敲门，大声呼喊陈大富："今天奉令转移城中居民，赶快叫他们上船。"命令战船上军人都走出来，退到河堤上。让老弱病残先上船，青壮年后上，战船在后面保卫，杨岳斌的船殿后。半天内，他们便把老百姓都集中上船运走。

逃走的太平军跑到芜湖报信，太平军主力连忙赶回南陵。等到他们赶来，天已经快黑了。太平军高呼着来追，杨岳斌手持长矛，站在大堤上，严阵以待。太平军不敢前来交战。等到大船出港，芜湖的太平军水营也赶来了。正好遇到留防的湘西古丈人杨占鳌部队，两军相对峙，太平军不敢轻举妄动。见湘军水师大船浮在港下，已做好充分准备，只得退下。

这边，南陵的居民一万多人，分别坐船到黄石矶大营，搭起帐篷，安排饮食，留 25 日，才分别安置好。

杨岳斌继续督促围剿长江南北两岸的太平军各部，经历大小战役数十战，并随时派队攻城，以牵制其他太平军。因为这一带战事频繁，老百姓流离失所，无家可归。杨岳斌在东流设立难民局，先后遣送难民 136000 多人。

这几年，清朝在内战不断的情况下，又发生了第二次鸦片战争。1856 年，英国借口广东水师在广州黄埔捕捉中国船“亚罗”号上的海盗，派兵进攻广州。法国借口法籍天主教神甫马赖在广西西林被杀，亦出兵入侵。1857 年，英法组成联军，攻陷广州。其后，又决定集结军舰，北上天津。清朝廷正面临着京师门户天津的海防问题。

当时清政府还没有海军，要加强海防，就必须有海军和军舰。在什么都没有的情况下，一些有识之士提议，可以借鉴湘军的水师。

因为杨岳斌在湘军水师中的影响力，清廷上下，都知道水师大将杨岳斌。湖南人郭嵩焘，是 1853 年同江忠源最早上疏《请置战舰练水师疏代》提议湘军置战船练水师的。他于咸丰八年的正月二十四日，向朝廷递交《请于天津添设战船并请责成杨载福派员经理片》，向朝廷隆重推荐杨岳斌。文中说：

……兼查湖北提督杨载福，统领水师最称精练，所用战船皆一手经理，工归核实，事无旁挠，故能工坚料实，而价亦从减省；其部下将领，多悉水战机要，于造船制器各事宜，均所谙练。可否饬令杨载福选派将领数人、造船委员一人，前赴天津，仿照湖北水师章程，如法估造，责成经理，足以扼海口之冲，而补陆军之不及。

但郭嵩焘的建议并没有引起重视。因为杨岳斌正在江南前线，抽不开身，清廷没有采纳郭的建议。

第十二章　收降韦俊

正当清军与太平军在江南作战如火如荼之际，太平军内部，发生了一场大的内讧。

太平天国 1853 年 3 月定都天京（南京）以后，太平天国主要领导人之间嫌隙日生，杨秀清、韦昌辉、石达开等各自结成自己的势力集团，进行争权夺利的斗争。东王杨秀清掌握大部分军政实权，其骄傲专横的作风扩大了他和洪秀全、韦昌辉、石达开、秦日纲等的矛盾。1856 年八九月间，清军江南大营被攻破之后，杨秀清更逼天王洪秀全到东王府封其万岁。洪秀全密令韦昌辉、石达开和秦日纲回京对付杨秀清。

韦昌辉接令后，立即率 3000 精兵回到天京，与秦日纲会合，连夜包围东王府，杀死杨秀清全家老小及其下属。其后，韦昌辉以搜捕“东党”为名，大杀异己。众多东王部属在弃械后被杀，平民也不能幸免，整个京城约 2 万余人被屠杀，血流成河。

翼王石达开十余日后，才赶回天京。进城会晤北王韦昌辉，责备其滥杀之事，两人不欢而散。韦昌辉又准备杀石达开，石达开连夜匆忙逃走。韦昌辉又派人杀了石达开家属及王府部属。

韦昌辉的屠杀和暴虐，激起了天京将士的愤怒。不久，石达开从安庆起兵讨伐韦昌辉，要洪秀全杀韦昌辉以谢天下。

洪秀全于十月初，处死韦昌辉及其心腹 200 多人。

月底，石达开回到天京。洪秀全命他掌管政务，但对其心存疑忌，加封自己兄弟为王，处处牵制石达开。

1857年五月，石达开忍无可忍，为避免内部厮杀，只得率部出走，造成太平天国内部的大分裂。

天京事变使太平天国元气大伤，并丧失了乘胜歼灭清军的有利时机，是太平天国由盛转衰的转折点。

韦昌辉被处死以后，他的弟弟韦俊处境就变得十分尴尬了。

韦俊，也称韦志俊（浚）[1]，北王韦昌辉的亲弟弟，家族中排行十二，人称韦十二。韦俊打仗特别厉害，是太平天国的一员骁将。罗尔纲在《太平天国史》中说，他综合实力与石达开差不多，攻坚战、打硬仗之能力，则超过石达开。

韦俊早年就参加了金田起义，颇有功勋。太平天国建立后，先后跟随秦日纲、石达开西征。参加攻打武昌、岳州、田家镇等战役，战功显著，被封为右军主将。

1855年，韦俊随太平军西征军再次进入湖北，攻克武昌后，任武昌守将。

武昌在当时是两军的必争之地，清廷为了夺回武昌，命湘军悍将胡林冀、罗泽南率军水陆并进，对韦俊部发起猛烈进攻。面对如洪水一般的湘军，韦俊没有坐以待毙，他率领太平军沉着应战，频频出击，挫败了湘军的多次围攻。

八月，在汉阳，韦俊率军大败胡林翼部。胡林翼督军进攻汉阳，因为士卒索饷口出怨言，继而哗变。胡林翼愤慨之下，骑上战马准备单身赴敌，寻求一死，幸亏在长江边遇到鲍超的船队，这才重整旗鼓，准备再战。

1856年二月，在又一次进攻武昌的战斗中，韦俊指挥部下，对攻城指挥者罗泽南发起炮击。罗不幸被炮弹击中，血流满面，被部下救回大本营，但因伤势过重，救治无效而去世，终年49岁。素有“湘军之父”称呼的罗泽南之死，造成湘军重大的损失。

---

1 在杨岳斌奏稿中，称为“韦志俊”，而在曾国藩的奏稿中，则称为“韦志浚”。

清廷本以为攻下武昌并非难事，但却在此期间屡屡受挫，于是便转变战术，采用长围之计，通过截断粮草试图让韦俊不战而降。而让清廷没有想到的是，韦俊是一块硬骨头。经过了连日来的缺水断粮，城内的太平军士气低迷，韦俊不停地鼓舞他们，告诉他们只要坚持几天，援兵一定会到达，洪秀全没有放弃大家。粮草没了，他带领大家一起挖野菜、砍树皮。在他的努力之下，竟没有出现士兵被饿死的状况。他最终不辱使命，虽两军交战伤亡惨重，但他始终力保武昌不失。

天京事变期间，韦俊坚守武昌，按兵不动，静观其变。在没有任何援兵的情况下，未曾出现过动摇。其间，湖广总督官文、湖北巡抚胡林翼多次劝降，都被他严词拒绝。

洪秀全虽杀掉了韦昌辉，但是依旧难泄心头之恨，他便把这恨迁怒到韦俊头上。1856年十一月，武昌城即将弹尽粮绝，洪秀全却坐视武昌城孤守，全程不发一兵一卒。这时，石达开又率主力回京“靖难”，武昌城陷落是早晚之事。为此，韦俊抓住机会，利用夜幕作掩护，悄悄撤出了武昌，保存了主力。

可是结果呢？洪秀全大为不满，要治他丢失武昌之罪，想借机杀他。

此时，李秀成向洪秀全担保，称韦俊绝非投降之人，为他求情，韦俊才躲过一劫。

为了架空韦俊，洪秀全大力提拔曾为韦俊部下的陈玉成，使陈玉成的地位很快超过了韦俊。这使韦俊备受冷落。从那个时候开始，韦俊就知道太平天国已经没有他可以施展才华的舞台了。

同时，洪秀全又重用杨秀清的族弟杨辅清等，让他们手握重兵，对韦俊所部形成包围之势，这就更对韦俊形成刺激。

洪秀全始终觉得韦俊是一个威胁，于是命他戴罪立功，让其担任池州守将，同时却让杨辅清担任韦俊的上司。这对于韦俊来说，是死罪可免，活罪难逃。因为这正中了杨秀清的族弟杨辅清的下怀。在强烈的复仇心理的驱使下，杨辅清公然挑衅韦俊。韦俊自知强龙压不过地头蛇，为了避免正面冲突，便决定渡江投靠李秀成。可是原来的部下陈玉成知道后，竟然封锁江面，不让韦俊渡江。韦俊一怒之下，与陈玉成大战一场，双方死伤无数，但终究也没能寻得立身之所。

此时，韦俊不得不考虑自己的出路问题了。如果留下来，迟早有一天会死在“自己人”手里。如果遣散士卒，去做一个平头老百姓，清军又不会放过他，而且根本无处可逃。所以摆在韦俊面前的只有一条路，那就是投降清朝。绝对没有第二条路可以走，真是逼上“梁山”。

但韦俊很清楚，一旦投降清朝，那么未来他势必会将屠刀对准自己曾经的兄弟姐妹们，他下得了手吗？可是，形势已经不容他思考了，清军就要对他所驻扎的池州开始围剿了，他必须尽快做出决断。

不久之后，韦俊在绝大多数部下都不太情愿的情况下，与清朝水师提督杨岳斌秘密联系，准备投降。

韦俊知道，想投降官文、胡林翼、曾国藩，很不现实。

官文是满洲正白旗人，是一个碌碌无为的庸官。作为太平天国将领，与满清势不两立，所以绝不会投降满清旗人官员，这是底线。

胡林翼曾是他的老对手，两人围绕武昌城明争暗斗好几年。胡林翼没有占到任何便宜，并且还曾是韦俊的手下败将，口里说得好劝他投降，其实不一定会真正放过他。

曾国藩与罗泽南关系一直很密切。两人不仅是湖南湘乡同乡，也是诗书文章的同道。曾的两个弟弟曾国荃、曾国葆都是罗泽南的学生。曾后来又主动与罗泽南结成儿女亲家。有着这种铁血关系，曾国藩决不会放过他。

他觉得，湘军将领中，杨岳斌倒是个人物，不仅打仗厉害，而且行事公平正派，讲义气，有担当，是一个值得信赖的人物。于是想方设法与杨岳斌联系，传递出想投降的意思。

他向杨岳斌递书，主动提出投降的几个实际行动，一是献出池州城；二是上缴官印百颗；三是以自己家属为人质，邀约湘军水师一同攻取芜湖，表示要向清廷献上一份见面大礼。

杨岳斌为亲家题匾“介德含饴”

太平天国从来没有如此级别高的大员投降，杨岳斌还有点不敢相信。虽然韦俊表达了诚意，只要求湘军水师以炮船协助，他就可以攻下芜湖，待事成之后再为他上奏。但是，杨岳斌为稳妥起见，还是将此事上报给官文、胡林翼、曾国藩等人，大家也是将信将疑。

曾国藩是湘军的领袖，也是杨岳斌的直接上司。杨岳斌把韦俊的三封书信一并寄给曾国藩，请曾国藩拿出意见。

曾国藩因为韦俊守武昌时对湘军的多次挫败和罗泽南之死，对韦俊可谓恨之入骨，成见很深，表示要千万慎重。

他在咸丰九年（1859）十月初十《复杨岳斌》的回信中说，韦昌辉被洪秀全、石达开杀害，事情发生在咸丰六年（1856）九月，差不多3年了。何以到现在才请投诚报仇？想来是因为他占据的池州地方太小而贫瘠，他们军队人多，没有食物来源了。东有芜湖的太平军，西有建德杨秀清族弟杨辅清部队，北有安庆陈玉成部队，他们与韦昌辉韦俊一家都有血仇，所以他是穷途末路了。并且，他担心我们的水师东下，发起进攻。所以，希望通过投诚而获得一线生路。至于他说的报家仇，则是托词而已。这事如能办成，可以令他先剿建德，或先攻芜湖、太平，只要克复一处，则皖南一面就省了许多兵力，皖北进军亦无顾虑，这是很好的办法。接着，曾国藩特别强调：

> 鄙意第一须问明该逆兵数实有若干；第二须问明投诚后何处得食。若仿李世忠、张漋之例，拥众数万，占踞一方，则后患甚大，断不可行；若只身归命，或仅带数百人如张殿臣之例，则操纵在我。立功后一面入奏，一面将其党资送回籍，专留其头目亲兵编入营伍，官给银米，毋仍盘踞地方，掳索百姓，方免无穷之患。至水师下剿之说，该逆本在陆路，不能害我水师，然亦须暗中防备。想麾下自有定见，统希相机详酌妥办，示知为幸。

这是曾国藩最初的态度。

接到曾国藩的复信后，杨岳斌根据事情的进展，又给曾国藩写了一封信。曾国藩于二十四日收到信。十一月初二日，又写了《复杨岳斌彭玉麟》，信中表示了他的怀疑。其信如下：

> 韦逆投诚，本难深信，据称派古、刘二酋下攻芜湖，中途生变，情节颇为支离。至献池城、送家属为质之说，渠既自食前言，又变此计，池之得失，何关紧要，乃其穷蹙遁词，仍欲占据一州之地以观望耳。将来我军东下，池州不难攻取，所难者独芜湖也。鄙意韦逆于咸丰五年重陷武昌，抗踞二年，其罪极大，若果能取芜湖以自赎，尚可宽其一死。今该逆不能践前言，则我宜严绝之，不必责令保守池州。盖责以保守土地，是已许其降矣。许其降而不为之出奏，则无以示信；若为之出奏，则彼得借口以霸占池州之土，鱼肉池州之民，是庇一元恶大憝而无益于军事，有损于民生也，殊属不值。鄙见如此，未知当否？若阁下业已允许，或目前暂为羁縻，不绝其投诚之望，亦是一法。二者尚祈商酌施行。

这中间，又出了一次乌龙事件，就是曾国藩信中提到的韦俊派古、刘二酋下攻芜湖，中途生变事件。

杨岳斌在当年十二月十二日《韦志俊投诚后力战情形折》中详细介绍了前后经过。

咸丰九年（1859）十二月初八日，杨岳斌收到湖广总督官文转来的十一月二十四日的上谕：“前据和春奏，池州逆首韦志俊投诚效顺，献出城池，所部之众已由总兵李成谋等带赴杨载福水营安插，并设法防守池州各情。”

从“上谕”中可以看出，咸丰帝已经同意杨岳斌接受韦俊投降，下一步，就看韦俊的表现了。

杨岳斌接受韦俊投降以后，便准备联合进攻芜湖。

十月初四日，杨岳斌派遣部下总兵李成谋、副将李朝斌、参将刘正隆等各率战船，千总李楚材率步兵二百，开赴池州会同攻守。

初七日，韦俊派部下头目古隆贤、赖文鸿、刘官方、黄汶金等率队去袭击芜湖。因为思想工作做得不细致，这四个将领在途中叛变。十月初九日，他们率领部队，杀了一个回马枪，反攻池州城。

韦俊得知情况后，与李楚材率队迎击，刘正隆带舢板驶入城西湖内，向叛军连开排炮，击毙叛军众多，叛军开始退去。杨岳斌知道后，带艇船总兵李德麟赶到，会同防剿。

十二、十三两日，叛军又联合起来进攻，都被官兵击退。叛军于城外西北扎营。

十三日夜五鼓时分，叛军运来长梯，骤然扑到城下，准备攀登城墙。李楚材率部急出截杀，韦俊领数十人从城墙上缘索而下，奋力冲杀。水师也趁机施放排炮，压住了叛军的气势。李德麟、李成谋等派韦俊、李楚材带队防守陆路，李德麟、李朝斌督水师坚守城北塔下，扼守东北二路之要冲。李成谋带炮船绕湖而入，阻挡西门外大路之右。刘正隆带炮船穿桥而入，阻挡西门外大路之左。

十四日黎明，叛军率大股人马来到北门外，准备进攻李楚材营。李德麟、李朝斌开炮迎击，李楚材、韦俊同时出战，杀入核心。李楚材身受四处创伤，负伤力战，叛军受到顽强抗击，四处溃散。韦俊、李楚材等乘胜追杀二十多里，杀得叛军尸横满野，夺获旗帜枪炮器械很多。奔进西门大路的叛军，经李成谋、刘正隆炮船夹击，轰毙无数。

此次痛剿之后，古、赖、刘、黄等叛军逃遁到青阳、铜陵等处，穷途末路，就地休整。不料，这些叛军暗中串通太平军将领杨辅清，纠合两万多人，又来攻池州。韦俊投降后，淘汰遣散了一些老弱兵卒，实际守城的只有一万多人，粮草不足，城内人心不太稳定。彭玉麟于十一月十三日亲率三营奔赴池州，召集韦俊等大小头目开会，一边安抚，一边布置守城。

十五日，太平军集中兵力进攻，经彭玉麟率水师各营和韦俊、李楚材等协同抵抗，又一次击退太平军。彭玉麟安排妥当，于二十日回到黄石矶，与杨岳斌共商战事。

二十四日辰时，太平军率大部队窜到柳波矶地方。李成谋、李朝斌、刘正隆各带炮船迎击，击毙太平军不少。

太平军撤退，隐藏在民房，或潜伏于山中，手持藤牌、洋枪、抬炮，或隐或现，以引诱清军。湘军水师炮不能攻击，只得严阵以待。过了不久，李楚材等带队冲进太平军阵地，太平军一阵大乱。湘军水师趁机进攻，太平军开始退去。

二十五日，太平军又率大部队侵扰柳波矶、青溪关一带。李成谋、李朝斌、刘正隆等各督炮船轰击。李楚材也从陆路攻打，太平军仍扎营不退。

二十六日，太平军蜂拥来进攻炮船，城内韦俊率队来支援。太平军很快分为二股，一股进攻旱队，一股进攻水师。湘军连放排炮，轰击太平军。太平军也施放洋枪，子弹如雨点般射来，湘军千总谢如友力战，中枪阵亡。当时，内港水干涸，湘军炮船不能停泊，柳波矶是出入要口，堤岸高耸，太平军扎营矶上，将湘军水师隔于外面。杨辅清等督率太平军环攻城池，韦俊、李楚材与太平军昼夜交战，军士相当劳累。太平军悬出重赏，要韦俊、李楚材二人的人头。

三十日戌时，韦俊正在城外打仗。突然，有奸细在东门打开城门，迎接太平军。太平军一拥而进入城内，于是，众军开始巷战，死者数以千计。池州府城于当日陷落。韦俊收集残部，驻扎在泥湾，以备再战。

因为这次乌龙事件，所以曾国藩对韦俊更加不信任。倒是杨岳斌，凭他的感觉，始终觉得韦俊是真心投降的。只要利用得好，湘军可以减少很多战事和不必要的损失。所以他在折子中说：

> 臣复查志俊悔罪来归，与数万悍贼力战月余，屡获胜仗，斩馘不可数计，徒以众心未一，始致池城不守，其败后犹复相从者，当必更无贰志。惟刻下饥寒交迫，实堪怜悯，臣现札调韦志俊领众前来张溪镇，就近安抚。一面计点人数咨呈湖广督臣官文、江宁将军臣和春，如何筹给口粮，出自逾格天恩。

在这个过程中，曾国藩还是表现出对韦俊的不信任。十二月初二日，曾国藩接到彭玉麟的来信。十二月初五日，曾国藩写下《复彭玉麟》，对韦俊之事，做出交代，其信中说：

韦志浚事，仆久知其不可恃，盖穷蹙之至，又不得人心。其云攻芜湖者深为可笑，渠能攻则早攻之矣。彼若逃入水营，阁下决计杀之，极是！极是！厚庵迟迟未奏，正自稳重。闻和帅已奏，寄谕令官揆帅查，阁下与厚庵办理，尚无急于见功之意，可慰！可慰！

从曾国藩的这些信件中可以看出，曾国藩对韦俊是极不信任的，也是决计杀之的。只有杨岳斌，始终在斡旋，反复为韦俊说好话，争取曾国藩和皇上的信任。最后，是在杨岳斌的信任和感召下，韦俊投诚了杨岳斌。

韦俊的投诚，是太平天国拜上帝教信仰的崩溃，开了太平天国高级将领投降清朝的先例。其后，李昭寿、薛之元、苗沛霖、程学启、“苏州八大将”等高级将领，也纷纷跟着效仿，投降了清军，给太平天国后期战局造成了巨大灾难。

其后，为了表现自己投降的诚意，也为了表达对杨岳斌的知遇之恩，韦俊希望通过战争，来很好地表现一番。

1861 年，清军围攻安庆。五月，韦俊联合清军进攻安庆的咽喉要地——枞阳。

枞阳，安庆咽喉要道，是皖南、皖北军队调动必经之地，更是安庆东路主要粮道。

韦俊亲率一军进攻枞阳，截断了安庆东路补给线，给太平军英王陈玉成背后狠狠地捅了一刀。在论到此战的意义时，胡林翼评价道：“安庆之要在枞阳，不得枞阳，即屯兵城下一二年，贼可徜徉自如，暇则来战，不暇则游行他处，我不能谁何也！”（《胡文忠公遗集》）此战过后，韦俊被清政府封为参将，驻守安徽池州。

在围攻安庆的时候，韦俊更是大败陈玉成所部，导致陈玉成被洪秀全猜测和排挤，加速了陈玉成的灭亡。1862 年，韦俊又配合曾国荃的部队攻克宁国府，被封为副将，加总兵衔。

纵观韦俊投降杨岳斌的前后经过，可以说，韦俊是选对人了。其一是杨岳斌行事公道正派。通过他同曾国藩等的书信往来来看，杨岳斌就事论事，不因为韦俊以前对湘军的多次挫败而记仇，也不因曾国藩的意见而左右，始终站在公平公正的立场上处理，从而使韦俊铁心归服。二是杨岳斌讲义气，有担当。韦俊投降后，特别是发生部下几位将领反叛的乌龙事件之后，杨岳斌一直相信韦俊，派部队支持他，共同对付叛军。在韦俊部队遭遇困难时，给予安抚、稳定，从而给韦俊吃下定心丸。不仅如此，杨岳斌还多次在给皇上的折子中，为韦俊讲公道话，为他陈述功绩。这使得韦俊更加感恩戴德，后来在与太平军作战中尽心尽力，建立功绩。正因为杨岳斌的“特别关照”，使韦俊成为太平天国极少能得到善终的高级将领之一。

1864 年，湘军攻克天京后，曾国藩决定裁撤部队，韦俊也被解除了兵权。一年之后，韦俊以为大局已定，带着韦昌辉的儿子回到广西金田老家省亲，并修建昌辉祠。但他的行为并不被乡人理解，有人仍称他“叛徒”。为了讨好乡里，他表示要出钱修建蚂蝗桥蔡江义渡，被乡民拒绝。韦俊觉得，故乡已经不欢迎他了，于是决定定居芜湖。1884 年，韦俊病逝，享年 57 岁。

第十三章　探亲治病

杨岳斌于咸丰元年（1851）从军，因为常年征战，战争的创伤加上战场上紧张而无规律的生活，导致身体多病。

咸丰初年至四年，曾患咳嗽、失血劳身等病。当时一面追剿太平军，一面在军营内调治，情况稍有好转，但很难根除。久而久之，痼疾缠身，每次遇到感冒，各种病症都出来了。到了咸丰十年（1860）正月，病情开始加剧。

四月十七日，他亲自赶到下游督带水陆各军，攻剿池州、枞阳太平军，白天受炎炎烈日蒸晒，夜晚在江面上餐风露宿，受了风寒。攻克枞阳以后，病情发作，体气难支，时寒时热，十分难受。但当时太平军气焰正炽，他只得勉强撑持身体，指挥作战。五月十二日后，又带领各营舢板下赴芜湖察看。行到铜陵夹，病势更加严重，不能坐立，只能躺着，痛苦不堪。因此，率领各营向上驶回，于十五日回到黄石矶驻扎，请医生看病。据医生诊断，说是肺寒导致咳嗽，伤了脾，湿气重，多生痰，正气衰落，邪火旺盛。因此，寒热往来，肌肤剥落，饮食减少，呼吸不匀，虚火上炎。这些病症主要是积劳而成，很难在短时间内治好，必须先禁风寒，静心调治，才能慢慢痊愈。

咸丰十年六月初六日，杨岳斌在给皇上的奏折《饬李德麟师艇赴下游折》后，专门写了《附请病假片》，要求请假治病，说是“今此病势加剧，万难亲自督战”，需请假两个月，在营中医治，只要稍有起色，不一定等待假期修完，即可上战场，督催攻战。

咸丰十一年（1861），由于清廷的一道圣旨，一时使杨岳斌的地位变得十分尴尬，也使杨岳斌坚决要求请假休养。

在湘军水师中，因为战功卓著，杨岳斌一直比彭玉麟晋升要快，官职要高，排名都在彭玉麟之前。

这年，先是清廷下诏升彭玉麟为安徽巡抚。因为彭玉麟坚决辞官，不得已，改授水师提督。接着，清廷又下诏，彭玉麟有节制武将的职责，着候补兵部侍郎。这就是说，原本作为下属的彭玉麟，以后可以节制上司杨岳斌了。封建王朝的大多数时候，武将地位都远远低于文官，清代往往正四品的文官兵备道就可以节制正二品的总兵。

得知清廷旨意的杨岳斌一时相当郁闷。在湘军的这些年里，他逐渐意识到文化的重要性，常于行伍间隙认真学习，向文人请教，恶补文化知识，进步也相当快。不仅诗写得好，书法也相当不错，在湘军将领中备受称道。其文化水平与当初已不可同日而语。但是他的第一学历限制了他的发展，在清廷心目中，他依然是个会打仗的大老粗。所以，耻于屈居彭玉麟之下的杨岳斌，不久就以母亲生病为借口，多次要求请假。

鉴于杨岳斌的身体状况，心情不好，并且确实很久没有回老家探亲。咸丰十一年七月，曾国藩专门上奏《提督请假省亲据情代奏》，为时任福建水师提督的杨岳斌请假四个月，回籍省亲。不久，咸丰批准。

七月二十八日，杨岳斌在安徽黄石矶行营接到通知，十分高兴。当时，他正督率水军进攻安庆，很快攻占胜利。于是对下一步军事做出简单部署，安排总兵李成谋、王明山会同各营协力防剿，统一听曾国藩调遣。

八月初四日，杨岳斌从安徽黄石矶行营起程。十一日，行至武昌省城，突然接到咸丰皇帝驾崩的公文。咸丰皇帝爱新觉罗·奕詝，生于1831年，是清朝第九位皇帝，也是清朝以及中国历史上最后一位有实际统治权的皇帝。

咸丰帝在位十一年，咸丰十一年七月十七日病逝于承德避暑山庄，享年 31 岁。在历代帝王之中，咸丰帝的命运差不多是最惨的一位。中国历史上最大的农民起义太平天国运动让他赶上了；西方列强入侵中国的三千年未有之变局让他摊上了；中国几千年封建社会的没落也让他碰上了。他驾驭的是一条已经航行了两百年的千疮百孔的破船。他无处回避，责无旁贷又无力回天，为此痛心疾首，抱恨终身。

当时杨岳斌回老家，基本上走水路，即搭乘客船，上武汉，入洞庭湖，再溯沅江而上，经常德、桃源、沅陵，到泸溪，再转峒河，到乾州厅的镇溪（又称所里，今吉首），直接可到冲角营老家。沿途路程遥远，一路风尘，于九月初一日，他才回到老家，旅途历时差不多一个月。

杨岳斌带着几个随从，于茫茫夜色中从冲角营码头上岸，步行约 200 米，便回到老家。一家人团聚，十分高兴。

当时杨岳斌父亲杨秀贵，已经 69 岁，从直隶独石口副将军职上退下来，回家休息，颐养天年。身体尚可，气色很好。母亲已经 60 岁，头发有点花白，身体不是很好，精神略显疲惫，经常吃药治疗。大儿子杨正宜 18 岁，正在读书。二儿子杨正寰 9 岁，也在读书。两个儿子看到父亲回来，一有时间，便陪伴在父亲左右，问长问短，显得十分亲切。一家人和睦相处，使杨岳斌心生感慨，要是不用打仗，一家人这样生活，该有多好。

接下来，杨岳斌在家中精心养病，不时接待那些旧时玩伴，亲朋好友，聊家常，说旧事，心情愉快。

树欲静而风不止。

杨岳斌正在老家乾州休假，乾州属湖南的西部，可以说是偏安一隅，按说是很宁静的。没想到，这年秋天，石达开的太平军又窜到湘西一带，使乾州古城顿时紧张起来。

石达开自咸丰六年（1856）“天京事变”发生后，十月，奉诏回京，被军民尊为“义王”。在他的努力下，太平天国动荡不安的人心迅速安定下来。在他的部署下，太平军稳守要隘，伺机反攻，陈玉成、李秀成、杨辅清等后起之秀开始走上一线，独当一面，内讧造成的被动局面逐渐得到扭转。但天王洪秀全见石达开深得人心，心生疑忌，将自己的两个哥哥封王，对石达开百般牵制，甚至意图加害。为了避免再次爆发内讧，石达开不得已于次年五月避祸离京，前往安庆。

其后，转战浙江、福建、江西。1859 年春，石达开自江西起兵入湘，发动著名的“宝庆会战”。当时，湘军正计划分兵三路进攻安庆，得知石达开长驱直入湖南腹地，军心全线动摇，只得因势利导，全力援湘。面对湘军的重兵驰援，石达开孤军作战，未能攻克宝庆，被迫退入广西休整。

十一年九月，石达开自广西北上，经过湖南西部，计划经湖北入川，建立四川根据地。一路攻占湘西泸溪浦市等重镇，直逼乾州厅。

乾州城危在旦夕，当地守军几乎没有什么作战经验。在这种情况下，地方官员绅士只得请沙场老将杨岳斌出山，指挥守城。杨岳斌不得已，只得拖着病体，勉强为之。他还组织筹办枪支弹药、炮械，自己私人捐养团练费用上千串。

杨岳斌在乾州城昼夜巡防，餐风宿露，没有片刻安宁。他始终带领军民，严阵以待，时刻准备与太平军作战。

太平军只是假道过境湘西，并不以攻城略地为目的。知道乾州城坚固无比，又有湘军大将杨岳斌指挥守城，很难攻下来，就从泸溪，经潭溪、河溪、镇溪（今吉首老城），绕道寨阳、矮寨，去了永绥（今花垣县）、保靖。

乾州城守住了，但杨岳斌旧疾复生，伤痕复发，吃不下饭，难于安眠，行动更加不便。想再留在家中，治疗一段时间，但又怕超过假期，感到很焦虑。好在接到营中来信，说总兵李成谋、王明山会同各营将领分别防守安徽下池州府、白茅觜等地，江面很稳固，正准备与陆师会同进剿。这两位部下跟随杨岳斌数年，经过大小数百次战争，于战于守，都很有经验，尽可以放心。

十月二十六日，杨岳斌在乾州厅老家接到湖广总督臣官文的文书，

杨岳斌守卫的乾州古城门楼

文书中有咸丰十一年八月二十日的上谕：福建水师提督杨载福，着加恩赏给云骑尉世职。杨岳斌当即设置香案，叩谢皇恩，并于十一月初八日，上《谢赏给云骑尉世职恩折》，以表谢忱。

这时，杨岳斌的母亲也一直生病，躺在床上，不能动弹。杨岳斌每天侍奉汤药，守在床前，精心照料，不敢离开。

因此，杨岳斌于同治元年（1862）正月十二日上《母病未痊旧疾复作恳准赏假调理》一折，希望续假三个月，继续在原籍就医，赶紧诊治，只要身体状况稍好，能勉力支持，就星驰赴营，不敢稍事拖延。

同治元年二月初八日，杨岳斌在乾州厅收到正月二十五日的上谕，因江浦浦口等城克复，官军进剿九洑洲太平军，谕令曾国藩饬杨岳斌回营，与彭玉麟所带上游水师和下游水陆各军会合，规取金陵，为扫除太平军总部而出力。“水营虽有得力将领，必得该提督躬亲调度，方能动合机宜。该提督忠勇性成，朝廷正资倚畀，值此事势多艰，自当移孝作忠，力图挽救。折内自称伤痕复发，亦不妨赴营调治，借资坐镇。杨载福接奉此旨，即着迅速起程，前赴池州军营，商同曾国藩剿办沿江一带贼匪，毋稍延缓。”

二月十三日，杨岳斌又一次上《再请续假折》，请求续假。

他在奏折中说，我于咸丰四年开始，先后攻打湘潭、湖口等地，被太平军枪炮击伤腰胯，经两江总督曾国藩给假回籍调养。但当时因军情紧急，休息不到十天时间，四川总督骆秉章又调援武汉，以后连年转战，备尝艰辛。此后战事不断，更没有时间休息，静心调养。因此，积久成疾，常常有失血、腰痛等重症。十年七月，内积劳成疾，伤病大作，曾经向上奏明，蒙皇帝赏假两月，准许在军营调养。去年归家以来，母病未痊，心力劳瘁。加之去冬太平军数万之众窜逼乾州，又在乾州城昼夜巡防，风寒频侵，伤疾复剧，饮食减少，步履维艰。虽赶紧医治，而至今终未痊愈。因此，请求再赏假三月，在籍就医。

此次续假其实只有一个多月。杨岳斌身体略有好转，二月二十六日，就由湖南乾州厅城带病返程，赶赴安徽军营。三月二十六日，上折销假。

从杨岳斌这段时间休假前后事由来看，因为杨岳斌是湘军水师统帅，前线战场上始终离不开他。而从杨岳斌本身来看，尽管自己身体不好，正在治疗，加之母亲生病，可以说忠孝很难两全，但在关键时刻，他始终想到的是前线战事，体现出舍小家为大家的家国情怀。

第十四章　纂修族谱

早在咸丰八年（1858），杨岳斌向朝廷上奏，请求将籍贯改为善化，得到朝廷的批准。

善化就是今湖南长沙的一部分。长沙历来为湖南的首善之区，宋哲宗元符元年（1098），从长沙县划出县东南部部分地区置善化县，直至中华民国元年（1912），善化县又并入长沙县。

杨岳斌改籍贯为善化，是根据父亲的要求而为之。当时父亲已退役回乡，想到乾州偏远，音信难通，要杨岳斌改籍善化，让杨岳斌眷属随侍左右。同时，对儿女的成长教育也要好一些。

更换籍贯之后，一般要重新修族谱。而修族谱，就要请德高望重的人作序。杨岳斌与曾国藩关系好，就请曾国藩作序。曾国藩后来在序中说，“厚庵自请于朝，占籍善化，而先世邱墓与族人之在乾州者，惧久而忘之，乃复为杨氏之谱，记其始迁祖以下支属，用欧阳氏法，各列为图，而属余以序之”。

咸丰十一年（1861）八月，杨岳斌率领水师，配合陆师攻下安庆后，好不容易请了四个月假，回到故乡乾州探亲治病。其后，因为母亲生病，又续假一个多月。

在休假的过程中，几乎天天住在家中，陪同父母，教育儿子。父亲当时就提议，原来准备修族谱的事可以动手了。他们杨家自从宝庆迁居乾州后，因为战乱，族谱不慎遗失了。现在有条件了，可以召集人，将

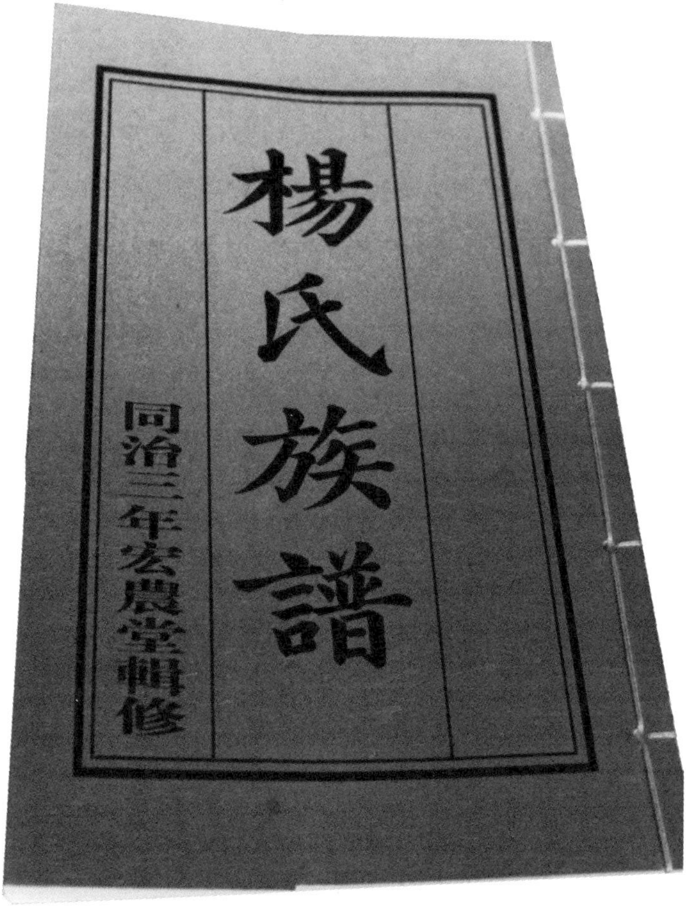

杨岳斌倡修的《杨氏族谱》

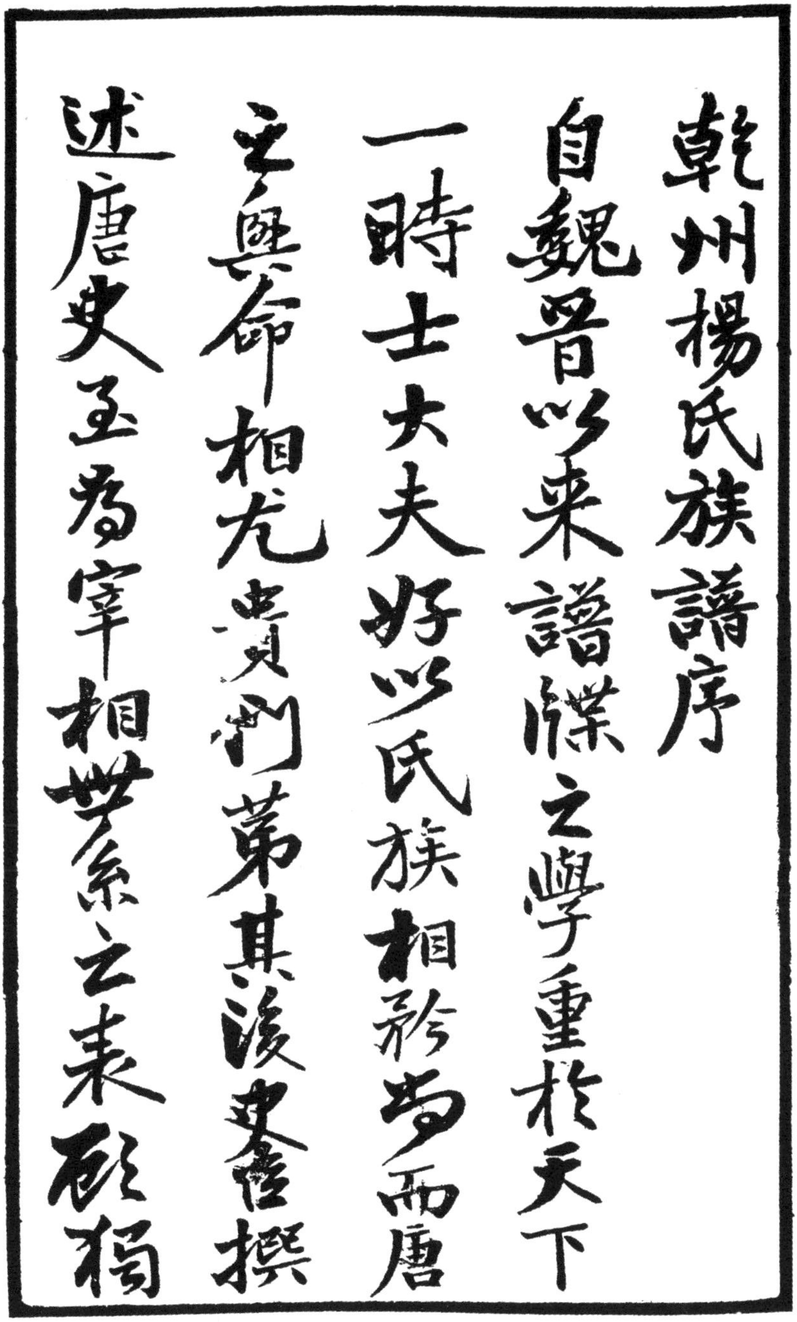
乾州楊氏族譜序
自魏晉以來譜牒之學重於天下
一時士大夫好以氏族相矜而唐
之興命相尤貴門第其後史官撰
述唐史至為宰相世系之表頗獨

曾国藩应杨岳斌请求写的《乾州杨氏族谱序》(局部)

《杨氏族谱》修纂出来了。

杨岳斌是个孝顺的儿子，尽管自己的官当得比父亲大，但一直以来，对父亲十分敬重，对父亲的话，可以说言听计从。他觉得父亲讲的在理，他刚好有几个月假期，正好可以修谱。他与父亲商量，怎么编修。最后决定，由他出资，请父亲出面，召集家族中有文化的人共同编修。

因为以前的老族谱遗失，对家族迁徙乾州以前的情况一概不知。又因为搬迁过来数代，与宝庆那边家族失去了联系。加上战乱，已经无法查找以前的脉络，所以杨岳斌父亲，只能凭着自己的记忆，口述出来，叫后人记录，再进行编辑。因此，杨岳斌在后序中说："先世由宝庆迁居乾州，旋逢苗乱，旧谱悉毁于兵，数世以前无闻矣。兹所纪者，悉由吾父口授，命岳斌修辑之。"

杨岳斌续假没有修完，因为军务在身，又赶往湘军水师大营，将编修族谱剩下的事全权委托父亲操持。父亲要他抽空请曾国藩作序。

同治二年（1863）初，杨岳斌给曾国藩写信，顺便提到请他作序的事。曾国藩于正月十九日复信，"嘱序家谱，谊不当辞，惟久未作文，机轴生疏，劳形案牍，尤鲜清暇"，意思是等事务稍闲的时候，再作序。

曾国藩当时身在湘军军营，既要运筹帷幄决胜千里，又要处理各种事务和上下公文，确实繁忙。直到这年的九月初七、初八日，断断续续搞了两天，才得以完成。这在他的日记中，都有记录。

曾国藩作序并手书《乾州杨氏族谱序》，全文饱含了他深受儒家思想熏陶的"修身、齐家、治国、平天下"的为人之道。"序"首先对谱学进行一番论述，然后阐述了杨岳斌的家世、功绩以及编谱的初衷，同时对杨岳斌及杨氏家族寄予厚望。

现将该序录于下：

自魏晋以来，谱牒之学重于天下，一时士大夫好以氏族相矜尚，而唐之兴，命相尤贵门第。其后，史臣撰述唐史，至为宰相世系之表，顾独怪自古将相并重，而《唐史》乃详于相而略于将。然太史公、班固书于楚之项氏，秦之王氏、蒙氏，汉之李氏、金氏，往往喜言其世。诚以将相贤否，关天下安危。其勋业之施于一时，必本于忠孝之教，而环玮雄杰之气，钟毓于祖宗功德之积累者，尤非偶然也。

唐至中叶以后，相业之可纪者绝少，而武臣猛将接踵后先，终赖以扶危定倾，光复旧物，然亦仅郭子仪、李晟、乌重允、韩宏诸人，犹能自言其系世，而其庙祀之碑，托于韩退之暨颜、柳之文字以传。其它则或数典忘祖，懵然不知其所自出。或畜义儿养子以渎其宗。而郭崇韬至拜子仪之墓，则更自诬其先而不顾人伦骨肉之谊。坏薄如此，则其于君臣上下之间，岂复足以相恃？唐之衰而遂为五季之乱，岂独天意使然，殆亦人纪之穷哉。

今福建水师提督杨君厚庵，乾州将家子。自其封公以材武起家，筮仕几辅边闸，即常以忠孝大义训敕家庭。楚军之兴，厚庵统率水师，自衡州浮湘而北，逾洞庭，下岳、鄂、浔、皖，以达金陵。转战三千余里，肃清长江。令问孚于中外，而怀抱阔然，口不言功，时时以敦本睦族为念。咸丰八年，厚庵自请于朝，占籍善化，而先世邱墓与族人之在乾州者，惧久而忘之，乃复为杨氏之谱，记其始迁祖以下支属，用欧阳氏法，各列为图，而属余以序之。

余维厚庵以实军特起，屹然为东南之垂，且逾十年。天下但慕其智勇，而不知其致严于本源之地，其用心固如此。昔周宣王北伐南征，垂光伟烈，而六月饮至之诗，归美于孝友之张仲。又于江汉曰自召祖命，常武曰南仲太祖，皆称颂其先世，以讽勉方来。古时世家名阀，虽其君亦褒引之以为垂，甚可尚也。今天子方隆中兴之业，厚庵鹰扬江表，光宠施于宗族，闿泽及于后昆。杨氏之谱，方且蕃衍盛大，昌炽无穷。盖将上跻方召仲山甫之俦，非唐世诸虎臣所得伦比。识微者，其将以余言为蓍蔡也夫。

同治二年九月湘乡曾国藩序并书。

杨岳斌接到曾国藩作的序，非常高兴。这时，从家书中也得知，在父亲的操持下，《杨氏族谱》已编纂完毕，只等序言写好，即可开印。父亲提议要杨岳斌也作一篇序，因此，杨岳斌作了《杨氏族谱后序》。

其文兹录于下：

岳斌既叙列数世以成一牒，并乞前序于相国曾公，足以示之子孙，垂之无穷矣。虽然，岳斌不能无憾于是书也。昔太史公作自序，称述前世班固因之作叙传，犹且以一己家事，托名国史。之后，阐家风以陈世德，语不厌其详。读史者不议其私，何也？诚以表扬先德，乃子孙贤明追远之至意，故论者但原其仁，未忍概绳以义也。周公咏歌文武之烈，载在诗书，圣人有取焉。矧属家谱，尊祖敬宗、收族之义，于是乎在，阙而莫之补，遗而莫之考，鬼神即无怨恫，而为其后者，不自咎，而何诿欤？士君子乘时得位，用力于当时，显名于后世，其来也必有自。此所谓善则归亲也。

欧、苏以前，百族之谱皆领于官，鲜有专书以私纪家世。自永叔作世谱、明允作族谱后，世宗之家各有牒。远者溯源于唐虞三代数千载之遥，近亦系自汉唐千数百年之久。网罗史传，采摭省、郡、邑志，以纪一姓之盛，未有代不过数世，丁不满百人，且数世数十人之中，其德行文学语言之可纪者，无所叙述以贻其后人，岳斌用是滋戚矣。

岳斌自束发编入行伍，以材官补湘阴外委。维时吾父官独石口都司，远在数千里外，家世本源未由闻于长老。自发逆洪秀全倡乱，岳斌从征粤西，后乃从曾公领水师，由湘潭而下巴陵，而鄂渚，而蕲黄，遂收九江、皖口、吴江，建瓴东下。功虽未蒇，遽得邀朝廷不次之擢，洊历提军，复简任兼圻，宫衔晋锡。盖既实有两朝之宠命，褒其三世获世袭者，再延及来许，於戏幸矣，可不谓荣焉。夫岳斌何功、何德，而能膺此宠荣，显名于当时哉，岂非祖宗累世潜德幽光积累之所致耶？从来不有得于躬者，必有得于后，其信然欤。

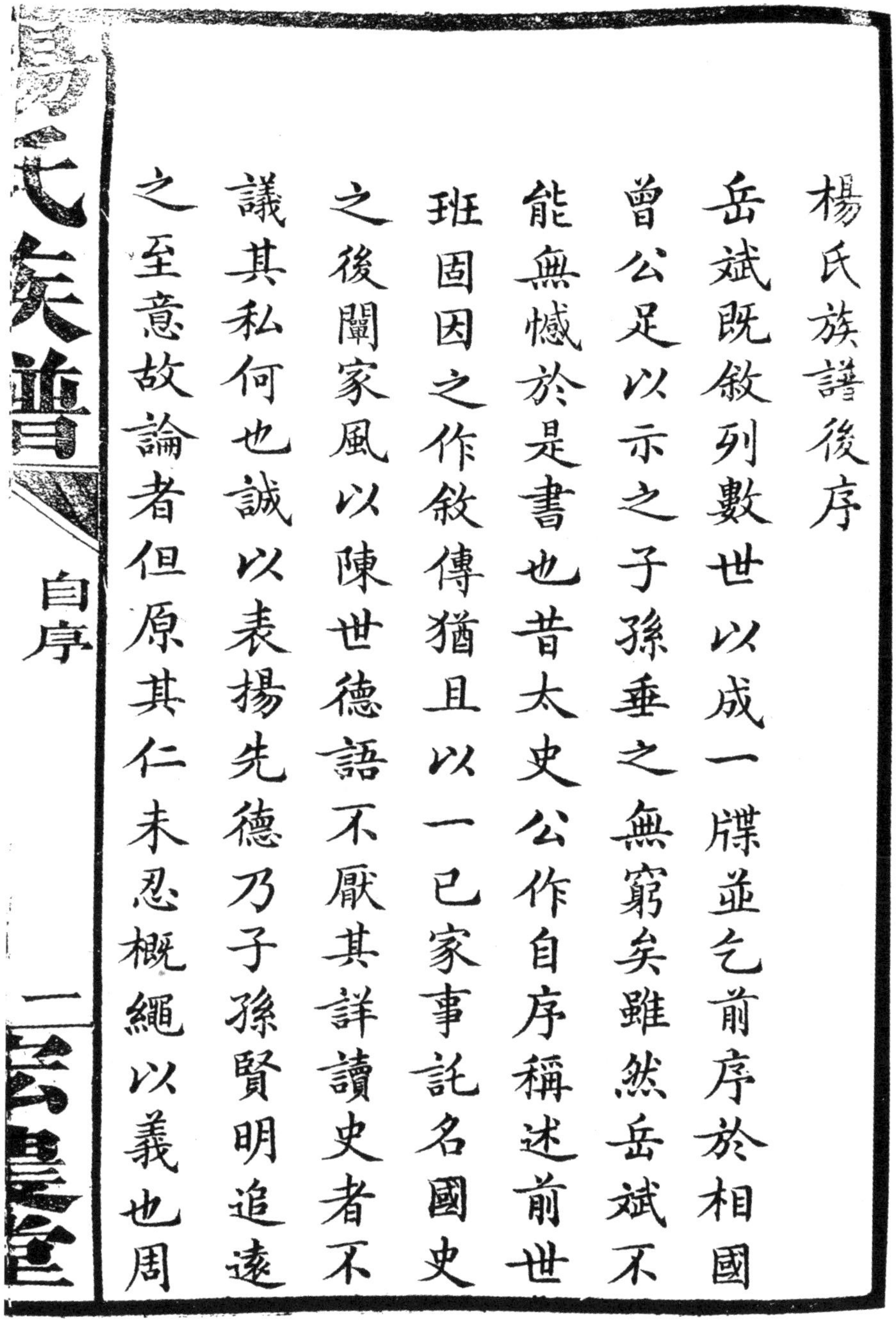
楊氏族譜後序

岳斌既敘列數世以成一牒並乞前序於相國曾公足以示之子孫垂之無窮矣雖然岳斌不能無憾於是書也昔太史公作自序稱述前世班固因之作敘傳猶且以一已家事託名國史之後闡家風以陳世德語不厭其詳讀史者不議其私何也誠以表揚先德乃子孫賢明追遠之至意故論者但原其仁未忍概繩以義也周

楊氏族譜　自序　一

杨岳斌作并书写的《杨氏族谱后序》(局部)

先世由宝庆迁居乾州，旋逢苗乱，旧谱悉毁于兵，数世以前无闻矣。兹所纪者，悉由吾父口授，命岳斌修辑之。惟我始迁祖明禹公始基安土，流泽云仍，是为始迁祖第一派。惟我高祖光瑛公敦本力农，克承先业，是为第二派。惟我曾祖友于谊笃，咏叶埙篪，勤守先畴，子孙振振，是为第三派。惟我祖忠厚承家，义方垂训，好行其德，浸炽浸昌，是为第四派。嗣及我父，奋武宣勤，服官矢慎，得告鸣珂，乐施靡倦，为第五派。至于岳斌，德薄能鲜，承数世积累之庆，苟全大节，不辱其先，盖非岳斌之能自树立也。诗曰：

方苞方体，维叶泥泥；后世子孙，无薄族谊，无坠前人之绪。永永年代，繁衍生生。隆然成一姓之盛，必且增辑是牒，以传示于无穷，是则岳斌之志也夫。

时清同治三年十月六世孙岳斌谨记

杨岳斌在后序中，写了修纂族谱的缘起和经过，更多地讲到修族谱的历史渊源，以及杨氏家族的发展脉络和传承等。

第十五章　改名前后

同治元年（1862）五月，杨载福休假后回到安庆，与曾国藩会合。随后，便率水师驻扎在江上要地乌江，以策应湘军各部。其间，湘军基本打垮了太平军西战场的防御体系，逼近天京。

通过对天京及其附近太平军军事布局的一番考察，六月二十六日，杨岳斌上《筹剿金陵情形折》，对于下一步围攻金陵（天京）做出战略战术分析。

他说，六月十三日，他到金陵，与彭玉麟详细勘察金陵附近情形，看到九洑洲太平军营垒一座，城墙十分坚固，战壕比较开阔，上面排满了密密麻麻的一排排大炮。湘军水师仅从江面进攻，很难得手，而且容易造成精锐部队伤亡。查看九洑洲左边 9 里外有小河，商船上下很多。其中江浦一带，我方有李世忠派有陆兵驻守，洲之下有淮扬水师扼堵，如果我们加派炮船，拦截于该洲之上，则该处太平军不能于北岸获得粮草。这是我们规复金陵，暂不攻占九洑洲的得失。

只有江宁（金陵，也称天京）一城，雄峙江表，周围百余里，一条长江似天然屏障，阻挡其西部。如果派水师截住这个方向，东、南、北三面连接城郊，尚有八九十里的范围，现仅有曾国荃一军驻扎在雨花台。如果考虑围攻江宁，兵力不及十分之二三。而秣陵关连接东北，这边的太平军路路相通，往来搬运粮食、军火，后勤很有保障。如果发生战争，太平军援军很快就能赶来，无法截堵。因此，要考虑目前大局，宁国府城既经克复，提督鲍超一军可以由广德以收湖州，进规苏州、常州。这样，使太平军顾此失彼，其势力必然被分化。如果不趁此机会攻取金陵，时间拖长了，不但我军粮食军饷供应困难，持久无功，而且考虑太平军分头窜往上游，则攻剿更加困难。我方水陆各军集结数十年血战之力，才能直捣围攻至此，岂不是坐失良机？所以我以为，欲攻取金陵，必须急调大队陆军部队，将金陵团团围住，以攻取城池。派出机动部队，以对付增援的敌人。必使城内的太平军呈坐困之势，而后可以作战或劝降规复。比如上年攻打安庆，我水师部队与曾国荃水陆合围，多隆阿、李续宜两岸分驻青草塥、挂车河等处，专门攻击增援的太平军，屡次控制住太平军攻势，后来得到鲍超部队策应，将赤岗岭太平军营垒铲平，然后，安庆城终被攻下。以安庆一城尚且需要如此众多兵力，现在金陵形势和兵力超过安庆十倍以上，所以不组织各方劲旅，是很难攻下来的。

为了做到知己知彼，他查了一下，安徽抚臣李续宜，从来威望很高，每次作战，所到之处，都能大捷，太平军见之胆寒，现驻六安州。若安排李续宜率部队渡江，则对围剿太平军的机宜更有把握。所以，请命令李续宜带兵赶赴金陵，会同攻剿，以尽快攻破金陵，擒获太平军首领。

杨岳斌的这个建议，是从调查研究的基础上，结合自己多年的战争经验提炼出来的，是有真知灼见的，也是很有针对性的。

可是，不曾想到，一个月后，七月二十六日，皇上发谕旨给曾国藩，说“苗练捻匪情形，杨载福自未深悉，所奏应无庸议”。杨岳斌的意见不仅没有被采纳，反而挨了批评。意思是说你只看到金陵一个地方，看不到全局。皖北苗沛霖团练叛乱通匪的情况，你没有深入了解，所提出来的意见根本不用讨论了。

不仅如此，上谕还说，“杨载福应归该大臣（曾国藩）节制，以后遇有陈奏事件，仍禀商该大臣酌核具奏。如遇有水师紧要军情不及会商者，即令会同彭玉麟驰奏。其余仍应由曾国藩出奏，以一事权”。

这样，还停止杨岳斌作为提督专折奏事的特权，只能通过曾国藩上传下达。

这些恰似当头一盆冷水泼下来，使杨岳斌从头凉到脚。

好心不得好报，下一步怎么办呢？老谋深算的曾国藩护犊心切，给自己的爱将想出了一条妙计：改名字，探风声。

七月初十日，曾国藩专门上了《提督杨载福更名片》。他说，自己接到福建水师提督杨载福的信说，他原来名字的上一字“载”，与皇帝名字上一字“载”相同，恭恭敬敬地请求回避，打算改名为杨岳斌，请自己代奏。

皇上接到报告后，回复说没关系，以后不用如此恭敬地回避！顺水推舟，接受了杨载福改名的请求。

此后，政府的公文中，杨载福的名字没有了，都变成了杨岳斌。

在湘西吉首，还有一种说法，杨岳斌的名字是慈禧太后赐给他的。

说有一次，慈禧太后突然召见他，问他的名字从何而来？杨岳斌一听，怔了一会，心想，当今皇上属载字辈，我的字辈恰与皇上相同，而且又叫载福，若答得不好，灾祸难测，于是灵机一动，巧妙答道：“太后，按家谱我属载字辈，家父为儿取名载福。其实应该是君载福，臣不载福，臣载君之福也！”一番话答得恰到好处。慈禧太后非常高兴地说：“好，今赐你一名叫岳斌，望你文武全才，盖过山岳。”杨岳斌连忙跪谢。

这个应该是民间编造出来的。查当时杨岳斌正在江淮前线，战事紧张，根本没有时间去京城，也没有赴京的记录，自然也没有晋见慈禧，也就没有慈禧改名之说了。

回到《筹剿金陵情形折》上，不可否认，杨岳斌的这个建议是很有见地的，是他军事谋略和智慧的集中体现。

同治元年九月初，太平军方面开始了战斗行动，先后向宁国、金柱关进军。李秀成在天京城外组织战斗，李世贤也带军回援。当时情况对湘军不利，战局相持。杨岳斌率水师于金柱关，先歼灭陈坤书一万余

吉首市冲角营（曙光村）杨岳斌故居后侧

人，后又战败李世贤部。于是，金柱关、芜湖一带肃清，湘军江宁大营后路开始稳固。而太平军也因援军未能及时跟上，最终只得收兵。

杨岳斌在征战长江沿线时，经历过众多血与火的战斗，有时候激情喷发，写下了几首旧体诗，这是他在征战过程中现场口占的诗句，为军旅诗中的杰作，很为后人推崇。

其一，《登池州翠微山》：

战罢登临眼界开，湖山佳处且徘徊。
一从武穆留题后，七百余年我又来。

作者登高望远，眼界顿开，自比岳飞，追溯历史，纵横现代，豪放而有深意。

其二，《枫桥夜泊》：

日暮微风起，菰蒲叶有声。
晚烟横古渡，皓月满荒城。
渔火前村暗，疏钟远寺鸣。
篷窗镫独伴，孤客不胜情。

其三，《除夕》：

驰驱成底事，望望白云飞。
今夕年将尽，他乡客未归。
苦寒侵病榻，积雪锁柴扉。
把酒不成醉，停杯泪湿衣。

这两首诗抒写了壮士的婉约情怀。前一首将“日暮”“菰蒲”“晚烟”“皓月”“渔火”“疏钟”几个不同场景排列一起，展示了将军柔情的一面：禅意、文思、闲情和谐地交织在一起，诗人的浅唱伴随着落日的余晖与初升的月光，飘洒在低语轻声的禅境之中，令人玩味不已。后一首借除夕寄托乡思，很好地表达了作者在“苦寒”中的孤寂心理和浓浓的思乡之情。

第十六章　围攻天京

安庆之围，曾国荃派出上万人将安庆前后开挖渠道，引江水进来，使战船能开进来，让湘军陆军与水师互相依赖，共同对付太平军。太平军首领陈玉成视为心腹大患，于是在菱湖北屯军，以通集贤关，并架浮桥通城。

杨岳斌指挥水师攻破其大营，于是很快攻克安庆。又派总兵王明山、黄翼升攻克池州、桐城，被授予云骑尉世职。

同治元年，杨岳斌部队攻克西梁山，渡江克鲁港。当时彭玉麟驻军濡须，杨岳斌驻军芜湖，每天夺取东坝太平军开来的战船。

同治二年（1863）二月，杨岳斌与曾国藩一起赴大胜关、雨花台前线视察，并与曾国荃定合围天京之策。

三月，杨岳斌攻克黄池，收复内河、三里埂、伏龙桥、花津、护驾墩各个关隘，打通了通往宁国、芜湖之路。

此后，率部趋向天京，一路沿江攻克巢县、含山、和州及江浦、浦口，破下关、草鞋夹、燕子矶。又连克天京西南高淳、宁国、建平、溧水，攻得东坝要隘，至此，对天京形成合围之势。

六月，杨岳斌与彭玉麟联合曾国荃陆军攻克九洑洲，收江浦。又攻克浦口太平军营垒。

九洑洲，是江宁对岸的一个重镇，太平军在那里筑坚固的城墙以控制长江，并集结数百战舰巨炮加以保护。自太平军据守之后，清军大将向荣、和春率部队多次进攻，洲上的太平军以全力走江北，或者南下袭击宁国，以牵制清军兵力。湘军也曾奋勇攻克过九洑洲，但无法守住。

曾国荃部队欲合围九洑洲，而都兴阿、冯子材都说九洑洲危险，再三警告他别轻举妄动。清廷的大臣们对合围是否可取，也抱怀疑态度。上年太平军再次攻占含山时，降将李世忠素负敢战之名，以三万部队阻扼九洑洲，也被太平军挫败。所以九洑洲上的太平军营垒越筑越高，更加坚固，太平军以为固若金汤，清军不能攻陷。

曾国荃通过一番详细考察，不敢小看九洑洲的防御力量，料定陆军很难飞渡强攻，只有先扫清南岸的各个关隘，才能会师北攻。

杨岳斌想方设法，派彭玉麟布置战船于上游，分成两队，南队从秦淮河向下关，北队绕永安洲向草鞋夹，又派军队做南北后应。

杨岳斌亲自督战，在枯荻上灌油，点火投掷，烧毁太平军屯集的战船几百艘，并烧毁旁边的营垒八座。又派兵偷袭燕子矶，取得胜利。总兵胡俊友中炮战死，洲上的太平军始终不敢出来应战。

杨岳斌的侦探侦察到江滨有一条小路，可以直达九洑洲太平军的壕沟。杨岳斌与曾国荃约好，派部队埋伏在树林中，挖掘九洑洲的堤埂缺口，派人凫水而进。分派船包围九洑洲上下两端，又派军队向城中关方向集中，以抗拒太平军援军。然后派水师舢板绕洲而行，寻找机会登陆作战。

当时太平军分为三队，分三处埋伏，见湘军攻来，用火枪射击，致使湘军伤死者数百人。

到了晚上，杨岳斌下令说，不破九洑洲，誓不回师，送饭上前线，吃完再战！

部将喻俊明、成发翔、王吉、任星元轮番夜攻，他们中有乘暗登上九洑洲的，其余的大声呼号，一拥而上，都冒着炮火，踏着前面的尸体而进。在这种奋不顾身的冲击中，九洑洲太平军无法坚守，很快被湘军攻破。洲上一万多太平军全部被消灭，无一生还，同时缴获战马三百多匹。

湘军在 1864 年擒获洪秀全之子洪天贵福，太平天国至此告终。原件藏于台北故宫博物院

这边的战报还未报上去，江北争相飞书相庆。朝廷下诏问情况，感到很惊讶，这块硬骨头，怎么这么快就攻下了。

七月，安徽巡抚唐训方以临淮没有水师的名义，派遣丁泗滨率船八十艘护粮运，奏调淮阳军。朝廷下诏要调杨岳斌过去。曾国藩以长江之事重大，将杨岳斌及部队留住。李鸿章也说，苏州、松江之战，水师功劳最大，也不同意杨岳斌去淮阳军。

不久，杨岳斌又攻克沧溪镇，逼近高淳，收降太平军守将，收复固城镇。其后，攻克东坝，收降建平、溧水太平军将士，解散了一万多原太平军部队。

从此，长江南北数千里，无一太平军船只，太平军经营多年的水营全被肃清，这都是湘军水师冒着酷暑鏖战取得的成绩。

驻军闲暇时，杨岳斌被驻守苏州的将领邀请去苏州的天平山，看风景和名胜古迹。

天平山位于太湖之滨，其最高处海拔高 201 米，是苏州一带最高的山，有“吴中第一山”“江南胜境”之美誉。山势峭峻奇险，怪石林立，有万笏朝天、玉泉轻吟、万丈红霞等十八胜景。天平山又名赐山，系北宋名臣范仲淹的先祖归葬之地。北宋庆历四年（1044），参知政事范仲淹因祖坟在天平山东麓，于例得置功德寺。于是奏请皇上，以白云庵改功德香火院。宋仁宗赐寺额及山，天平山因而又名“赐山”，俗称范坟山。范仲淹曾、祖、父三世都被追赠国公，故范坟又呼“三太师坟”。乾隆皇帝六下江南，四次到此致祭。

杨岳斌来到天平山下，仙桃湖边，远远看去，只见天平山主峰高耸，正前是一个状似仙桃的石山，巍然屹立，像是贡奉在几案上的一个巨大的仙桃。右边石山，像一头雄狮，拜伏在主山面前。左边的山头，也似一头下山的狮子，看上去威武雄壮。

进入山中，看了范仲淹的祖坟“唐柱国丽水府君之墓”及“三太师坟”，里面古树林立，浓荫蔽日，溪流潺潺，鸟语花香，环境十分幽静。

杨岳斌又兴致勃勃登临天平山顶。登上山顶，放眼望去，四面平川，尽收眼底。向南俯瞰下去，整个山势像一把椅子，左右的山脉将中间一块平地环抱着。而山中的嶙峋怪石，一个个耸立着，真像古代官员上朝时手中所执的朝笏。此景名“万笏朝天”，形象而生动。

杨岳斌激情迸发，很快吟咏成《登天平山谒范坟并勉诸友》两首诗：

其一：

止见数峰相向绿，谁言山影妙无穷。
天平若不埋忠骨，安得名传四海中。

其二：

不到天平顶，安知别有天。
云烟飞足底，城郭列胸前。
寺古岩泉落，山高石磴悬。
漫言难直上，立志务宜坚。

这时，杨岳斌以水师防剿稍为松懈，家中老母病情加剧，恳请开缺回原籍瞻养父母亲。

上谕说，“杨岳斌督率水师，剿贼十年，战功懋著。此时长江肃清，虽水师防剿稍松，而金陵合围，正赖该提督等和衷努力，共奏肤功，同膺懋赏，未便于军务吃紧之时，遽易生手”。“着俟克复金陵以后再行请旨，此时毋庸开缺回籍。惟念杨岳斌军旅羁身，伊父母年迈多病，未能归省，着加恩赏给人参四两，借资调摄”。

这样，杨岳斌不得不继续留下来统率水师，参加与太平军的战斗。

同治三年（1864）四月，曾国藩上奏，要彭玉麟驻守九江，以上控湖北；杨岳斌驻南陵，以控长江南北。浙江巡抚左宗棠密荐杨岳斌，推荐他任封疆大吏。

登天平山謁范坟竝勉諸友
止見数峯相向綠誰言山影妙無
窮天平若不埋忠骨安得名傳四
海中
不到天平頂安知別有天雲烟飛
足底城郭万胸前寺古巖泉落山
高石磴懸漫言難直上立志務宜
堅

杨岳斌诗稿手迹

其后，清廷命杨岳斌督办江西、皖南军务，各路援军悉归其节制。不久，被授予陕甘总督，命其待江西、安徽肃清后赴任。此时太平天国苏南、江浙战场被湘、淮两军瓦解，太平天国人心涣散，气数已尽。

六月，天京被湘军攻陷。至此，轰轰烈烈的太平天国运动正式结束。朝廷对有功之臣，大加封赏。加授杨岳斌太子少保，予一等轻车都尉世职。

当月，杨岳斌到达南昌，查看军情后调水师五营布于赣江。随后，遣诸将连克抚州五县崇仁、东乡、金溪、宜黄、南丰，并解宁都之围。又于秋时到赣州，连克泸溪、新城、雩都，先后收降十余万残余太平军，大获全胜，防境肃清。

同治四年（1865），杨岳斌履任陕甘。至此，湘军名将杨岳斌结束了在湘军十余年的戎马生涯。

第十七章　总督陕甘（上）

同治三年（1864）八月二十二日，杨岳斌接到上谕："前因新疆回匪不靖，叠经谕令杨岳斌酌带所部驰赴陕甘，替出都兴阿带兵出关剿贼。此时江右连复五城，贼锋大挫，军务较松，杨岳斌当懔遵前旨，酌带劲兵数千，克日起程赴甘，会合雷正绾等军，将该处回氛迅速扫荡，以副委任。沈葆桢当会同鲍超及刘典等督率诸军，将败残余匪一气剿除净尽。"

这时，杨岳斌正在江西赣州，又生重病，以前战争的创伤疼痛不已，导致精神疲惫，再加心口痛，神情恍惚。每看公文，他就头昏脑涨。想到父母都七十上下了，老而多病疾痛，因此，他更加思念父母，思念故乡。

这些天来，躺在床上，不能动弹，吃不好，睡不着。请医生看病，都说是积劳所致，不静心调养，很难痊愈。因此，杨岳斌上《请开缺调治折》，陈述理由："窃念陕甘为边省重地，又值逆回扰乱之余，稍有贻误，关系匪轻。臣自揣才力本不足以资镇抚，曷敢以疾病昏瞀之躯漫为尝试。臣犬马余生固不足惜，恐于疆场要务办理未协，则臣罪滋大。合无吁恳天恩，准开陕甘总督之缺，容臣回籍调理。"

杨岳斌上奏后，上谕批复："杨岳斌统兵十余年，冲冒矢石，力疾苦战，伤病交作，且其父母年皆七十有余，原应俯如所请，俾资调理，并遂其孝养之忱。此时西北军事孔棘，朝廷正资倚畀，自未便遽令回籍。杨岳斌着赏假一个月，在营赶紧医治，俟假满后即行驰赴陕甘总督新任，毋庸开缺。”

岳斌又上疏说，甘省一带，叛乱的回民党羽众多，而且相当团结，必须有一支一二万人战斗力很强的部队才能征服。我的旧部本来属于湘军水师，并没有陆军部队，这次来江西镇压太平军，仅从金陵大营抽带一千多人，冒着暑热驱驰作战，已经很疲惫了。江西各营，正值追剿太平军关键时刻，很难抽调出来。到西北一带剿匪，关系重大，没有一支熟悉而战斗力强的部队，我不敢用。筹划再三，只有亲自赴湖南招募兵勇，即带病回湖南，先派遣得力营官认真招募精勇七八千人，迅速训练成军。自己也可趁此机会访寻旧医，调治身体，并就近省亲。至于招募经费及制办军械等事务，所需花费巨大，想在各近省设法筹集。并请安排甘肃安肃道蒋凝学、署皖南镇总兵唐义训两军赴甘助剿。

朝廷同意了他的请求。他回到湖南，一边探亲，一边治病，一边招募兵勇，为赴陕甘做好准备。

当时的陕甘形势是这样的。

太平天国运动爆发后，清政府为了筹措军饷，加紧了对西北地区的搜刮。贪官污吏也乘机敲诈勒索，甚至因此草菅人命，从而使在西北这一相对贫瘠的土地上，人民的生活更加窘迫。当时，这一地区的民族矛盾也很突出。陕西、甘肃是回族聚居较多的省份，长期以来，当地回族人民遭受着残酷的民族压迫。清政府为了巩固其统治，极力破坏汉、回人民之间的团结，使之互相冲突，以达到分而治之的目的。在残酷的剥削和压迫之下，西北各族人民举起了反抗的大旗。

同治元年（1862）五月，西北回民起义首先在陕西爆发。随后，甘肃回民也在平凉发难。

甘肃回民军主要有四支：一支在甘肃南部，以河州、狄道为中心，以马彦龙、马占鳌为领袖；二支在宁夏南部，以灵州、金积堡为中心，以马化龙为领袖；三支在甘肃西部，以肃州为中心，以马文禄为领袖；四支在青海东部，以西宁为中心，以马桂源为领袖。此外，还有一些大大小小的起义军流窜于西北各地区。致使甘肃全境已无完土（清代甘肃省包括现宁夏和青海东部）。起义军的迅速发展，严重威胁到清王朝在西北的统治。

清政府历来重视西北地区的统治，认为“这一片黄土高原有河谷和商队通道，它管钥着通往新疆的门户”，更重要的是陕、甘两省是防卫西北的堡垒。所以在镇压太平天国后期，清廷就开始了稳定西北政局的工作。在派杨岳斌之前，清廷派了另一位湘军大将多隆阿为钦差大臣，督办陕西甘肃军务。本来已经基本稳定了陕西的局势，可是，多隆阿在同治三年（1864）四月，死于抗击犯陕的四川太平军战役中。此后各路起义军风起云涌，起义烽火如火如荼。

杨岳斌一直是湘军水师将领，也是湘军水师中最早当上将军的人。他除了早期参加过镇压新宁李沅发的起义，很少参加陆战。自知不熟悉陆战，又不熟悉西北地区的情况，恐怕难有胜算，再加上多年征战的伤痛，本想极力推托这份差事，可清廷找不到更加合适的人选，只能赶鸭子上架，驳回了他的请求。从这里，虽然可以看到清政府对陕甘局势的重视，以及对杨岳斌本人的器重，但这些不能用其所长的盲目委以重任，也一直为后人所诟病，对杨岳斌的声誉，也产生一定的影响。

杨岳斌在同治四年（1865）率部到达西安，马上开始与陕西巡抚刘蓉筹划围剿叛乱军队。

刘蓉是湖南湘乡人，湘军老将，他们原本就是故交。这次走到一起，自然倍感亲切。他们认真分析了当时陕甘的形势，认为甘省回民军股数繁多，以河（河州，今临夏）、狄（狄道，今临洮）为最强，并正确地判断出狄道的西乡、河州的东乡为起义军盘踞的要点，而且极其难以平定。因为两地叛军“勾结陕回，窜突无常。凡陇西安定、金县、皋兰接壤之地，几于防不胜防。且岷、洮为狄道后路，循化为河州后路，处处串通”。杨岳斌也注意到宁灵马化龙的起义军负隅顽抗，并经常抄清军后路，断清军粮饷。总之，当时“甘回方炽，通省糜烂”。西北其他地区又有丹噶尔被困，哈密之变，整个形势岌岌可危。

在如此严峻的形势下，杨岳斌采取了“先攻狄河，再图西北”的军事战略，目的是先固省防，然后展开大规模的围剿活动。为此，在赴任之前就已经做了认真的准备。

杨岳斌首先认真招募军队，并重视军队粮饷。在去陕甘之前，就亲自回湖南认真招募兵勇，并且让蒋凝学和唐义训两军赴甘助剿。他特别重视粮饷问题，说“用兵之要总以粮饷为先，粮足则临敌摧坚，兵勇无不用命；饷匮则不徒呼应不灵，难收指臂之效，且恐中途饥溃，贻误大局”，而且也很清楚甘省地广人稀，粮饷奇缺。所以他与刘蓉“议通东南饷道”，并且催促江南各省协助提供粮饷。

就在杨岳斌准备执行其军事方针时，情况突然发生改变。当时狄河起义军部依山阻塞，兼踞洮河之险，发展很快。如果仅靠一两路军对其进行围剿，叛军就可以凭地利奔窜，加之其骑兵较多，机动性很强，根本消灭不了其核心力量。杨岳斌认为，必须“分道出师，方能夺所凭依”，取得实质的胜利。可是由于陶茂林、雷正绾二营相继哗变，清兵力量大大减弱。当时杨岳斌能调动的仅有他和曹克忠的两军，往往顾此失彼。于是他重新审度形势，改而“先捣灵州，继规河狄”的军事战略，具体是：

首先，暂调防陕之兵作为防甘之兵。他向朝廷建议令“刘蓉将防守鄜定之兵就近移扎庆阳，并将防守汧陇之兵越境移扎巩昌”，以截狄河之回民军，使其不能出扰南路。这样甘省各路防兵，就可以顺次调出。杨岳斌计划以此优势兵力先直捣回民的灵州老巢。

其次，分兵进剿灵州。杨岳斌分派三路大军直捣灵州，并欲将省防布置周妥，亲率军队出省前往策应。然后与都兴阿、穆图善军会合，再攻打狄河回军。

这些都是根据当时形势做出的判断。后来左宗棠抵甘肃省镇压回民军时，首先攻剿的就是灵州金积堡。事实证明杨岳斌的策略是正确的。

总之，杨岳斌初到陕甘的方略是缜密、细致和合理的。在当时各地起义、兵变非常被动的局面下，他能够及时地根据形势调整陆上战术，这些对于一个不悉陆战的水师将帅来说，是难能可贵的。而且杨岳斌初到，就很快把粮饷的筹集作为当务之急的大事。可是由于当时大势所趋和清政府各级的懈怠，以及后来兵变的发生，使杨岳斌的方略计划未能奏效，也为其在陕甘的无为之讥埋下了种子。

杨岳斌赴任时，正值“雷正绾、曹克忠新败于金积堡，都兴阿、穆图善攻宁夏未下，且奉命将出关。本省兵皆疲弱，疏调各省援兵，无一至者”。在兵力极为短缺的情况下，他仅率新募之勇数千人，为稳定当地局势做了很多努力。

第一，及时正确地处理陶茂林、雷正绾二营军队哗变问题。

清军自多隆阿死后，分别由其部将陶茂林、雷正绾、曹克忠统领，指挥不统一，士兵远征甘肃，水土不服，且兵力已疲。此时回民起义正兴，通省糜烂，急缺粮饷，因此经常发生哗变。

同治四年（1865），杨岳斌率总兵彭楚汉等新募十营军队从行，于四月抵达西安。正逢陶茂林在安定发生哗变，并声言赴陕。杨岳斌立即与巡抚刘蓉商议堵剿之策，并派遣军队赴宝鸡招抚。陶茂林部哗变刚刚被镇压，而雷正绾部哗变又起。其部将雷恒与回民首领赫明堂勾结，煽动全营叛乱，乘机进攻泾州（今甘肃泾川）、平凉。九月，雷恒、赫明堂攻掠泾州，当时泾州防军仅有五营，粮饷军械缺乏。杨岳斌奏请“四川督臣骆秉章迅调周达武一军，自带饷银，赴甘助剿”。同时发放泾台存饷三万金，并催陕抚接济饷械。最终，斩叛乱总兵雷恒等，并奏免雷正绾罪，令其立功赎罪。

第二，出省实施围剿狄、河部叛乱势力计划。

由于清军的溃败和哗变，回民起义势力日益壮大，甘省劲旅也叛逃殆尽，最后仅剩下杨岳斌所带楚军和曹克忠一军与回民起义军相持。在这种形势下，回民起义军展开流动游击，不断向清军进攻，使得清军顾此失彼，兵力显得更加不足。以致杨岳斌在当时奏称“现在河、狄之贼扰于南，平、固之贼扰于东，宁、灵之贼扰于北，凉、肃之贼扰于西，几于剿不胜剿，防不胜防。臣若株守省城，则饥军终成坐困；若出省剿办，则根本时虞动摇。外察贼势，内度兵力，实属不敷分拨”。请求清政府增兵。

此时，省城兰州已处于孤立无援的地位。在这种情况下，杨岳斌决定出省开展围剿狄、河部叛乱势力的计划。

同治五年（1866）正月，杨岳斌督师从兰州出发，经巩昌于二月到达泾州，在处理完雷正绾营叛乱之后奔赴庆阳，与陕西藩司林寿图筹议防守政策。从上述可以看到，杨岳斌为镇压回民军一直在做积极的努力，而并不是人们一直所谓的“株守省城”。只是由于后来发生了兰州督标兵变，使杨岳斌的围剿策略受到挫折。

第三，为稳定军心，极力筹集粮饷，并力保秦州等完善之地。在此期间，杨岳斌极力筹集粮饷，汇集省城及城外曹克忠饥军，以宽各军顾虑，并下令“保秦州等完善地，借护南路饷道”。此时，陕西的回民起义正值低潮，大批回民军进入甘肃，蔓延于清水（今甘肃省天水市清水县）、秦安（今甘肃省天水市秦安县）之间，严重威胁到秦州（今甘肃省天水市）。杨岳斌以“秦州完善地，贼所垂涎；且甘省转输饷道，止此一线生路，至是戒严，不可不急救”。于是布置省防，出驻秦安陇城镇，调度各军，并亲督彭楚汉、李助发等军赴清水、张家川（今甘肃省天水市张家川回族自治县）分股截剿，使回民军不得逞。后来狄河回民军潜袭巩昌，防军失利，巩昌城被陷。杨岳斌又率军将其收复，这时南路稍稍安定下来。

第四，重新打开甘肃东、西部之间的政府驿道。同治五年（1866）九月，兰州军粮窘竭，粮饷告匮。杨岳斌见南路稍定，疾奔回省，挽救危局。十月，洪河（今甘肃省庆阳市镇原县）、川塬（今宁夏吴忠市同心县）回民起义军攻陷平凉府城，杨岳斌立即率军收复。之后，西路各军又攻下裴家营（今武威市古浪县裴家营镇）、镇虏堡各回民军，并招抚余部，平番（今兰州市永登县）、古浪（武威市古浪县）一带驿路畅通，东路也屡获胜仗，洪河、川塬回民军被歼灭，使得甘肃东、西部之间的政府驿道也被重新打开。

此间，杨岳斌的“办事不力”，很大程度上是由于兵力和粮饷的不足，甘肃兵力单薄，且“耕种废时，士卒忍饥血战，朝不保夕”，可杨岳斌“疏调各省援兵，无一至者”，杨岳斌“疏乞协饷，仅川、陕邻省稍稍接济，无以遍给”。其在任两年多，以力疾往来督战，已觉体力难支，再加上标兵叛乱，以致心力交瘁。虽然杨岳斌基本上遏制了当地局势的恶化，但清廷各级的懈怠都让杨岳斌感到灰心，以为自己无法平定甘肃回民之乱。杨岳斌本着国家之大义，怕贻误大局，从而请求开缺。随后朝廷诏下，由左宗棠代之。同治六年（1867）正月，杨岳斌再陈病状，并于四月解任回籍。

杨岳斌历来关爱民生，在任水师统领期间，就非常重视水师的“爱民”，他的水师以“不扰民”为根本，始终“军纪严明，秋毫不犯”而受到高度赞誉。在战争的艰苦环境下，他除了治军打仗，还不忘转移和安定难民。杨岳斌入甘后，发现起义军到处焚掠，人民生活在水深火热之中，也采取了一系列安抚民生的措施，以望使当地人民能够尽量摆脱困境。

杨岳斌曾奏称：自入境以来，只见“人烟稀少，田土荒芜，屋庐灰烬几于赤地千里”，向清廷反映了当地人民的苦境。当时，起义军控制的地区残破不堪，极为萧索，而像泾州、会宁、安定等城虽没有被叛军攻陷，城内尚觉完善，但也灾情遍野，民生凋敝。杨岳斌通过救灾恤患、减租召垦、整饬盐务、疏通商运和努力恢复固有的生产力等措施，开始改善陕甘民生的工作。

在兰州省城一带，由于战火持续和粮食歉收，粮价昂贵，即使是官兵，有时一天也只吃一顿饭，那些贫苦农民的生活则更加悲惨。进入寒冬，则更是饥寒交迫，饿死者不计其数，甚至纷纷投河自杀，以脱离如此困境。杨岳斌亲历此情形，深感时事之不济，他督率“司道府县，首先倡捐，并设法筹款”，并让地方官员亲赴灾区中间，抚恤疾苦的群众。在皋兰（今兰州市皋兰县）等地用筹款采办米麦、开厂施粥，并令监督员逐日赴厂监放。同时，他又屡次奏请朝廷筹款赈济或减缓赋税，对遭遇兵乱、水灾、旱情、雹霜等灾害的地区进行抚恤，如皋兰、金县、靖远十州县，都因杨岳斌向朝廷的争取受到了惠泽。

杨岳斌认为要减轻民众负担，首先就要从整顿吏治开始。他发现很多甘省官员自身素质低下、人品恶劣，往往唯利是图。杨岳斌不得已而令赴任官员“若系完善地方，无论实缺委署，必须先以捐输”，并多次建议清廷儆贪整肃。他依然保持了他在任湘军水师将领期间治军严明的风格，对于驻扎在甘肃的无纪律兵勇，严惩不怠。当时，在回民起义军对人民蹂躏之余，一些清廷兵勇也到处搜刮，与匪无异。有些军官也骄奢图逸，如雷正绾吸食鸦片，多置姬妾。分驻安定、会宁的刘正高、沈大兴等七营更是淫掳焚杀，控案累累。杨岳斌在当时战局吃紧的情况下，坚决加以查办，将刘正高、沈大兴军中三位军官正法，让那些无律成性的清廷官兵收敛了很多。

杨岳斌在甘肃任职的两年多内，由于西北形势的严峻，一直忙碌于镇压回民起义，但是他也为甘肃经济、民生的改善和提高做了一定的贡献。在如此艰辛的环境下，他的这些举措是难能可贵的，不但相对减轻了人民生活的痛苦，而且大大稳定了民心，使当地的局势在一定程度上有所好转。

第十八章　总督陕甘（下）

杨岳斌在到陕甘之前，一直与曾国藩、彭玉麟等湘军将领共事，他们以天下为己任，共同取得了镇压太平军的胜利。杨岳斌在湘军水师中，不但受清廷器重，上下拥戴，而且由于湘军集团领导层整体上素质优良，杨岳斌在当时，只追求作战勇猛，获得胜利，很少考虑其他事情。因而战功卓著，一路升迁，在官场上很少受到挫折。

可是到达陕甘以来，在官场中屡受束缚，就连自己的种种措施，有时候也不能得到顺利执行，筹备粮饷和调度兵力更让他捉襟见肘。

由于陕甘地区多年征战，人民逃难，很多土地荒芜，军队缺少粮饷，使军队战斗力大大减弱。杨岳斌在入甘后虽然竭力筹饷，但当时整个局势动荡不安，军队粮饷供应不上。本来经过杨岳斌的争取，各省已奉旨提供陕甘粮饷。可直到 1865 年 8 月，江西、湖南、湖北、江南、浙江各督府还没有送出当年任何军饷。其他省份也只是给了几个月的。四川、山东、河南、江西还拖欠着隔年之款。杨岳斌屡次上奏请求提供协饷，清廷也加以催促，但是地方各省督抚均以“想亦急其所急，而以他人之急为可稍缓”，划疆自保，迟迟不能提供粮饷。

杨岳斌在甘肃，也缺少其他省份兵力的支持。起义军四处流窜，常采用游击战的形式对清军的饷道进行袭扰，严重牵制了杨岳斌的调度，使他在对抗起义军的斗争中往往顾此失彼。杨岳斌多次向清廷请求援兵，却迟迟不到。

杨岳斌赴任陕甘总督，只带着原部属1000多人，以及命彭楚汉、杨明海在湖南湘乡、衡山等地招募的5000人，于同治四年（1865）二月出发，远赴甘肃。杨岳斌原来上奏，计划招8000人，因为陕甘地方太远，南方人怕不服水土，很多兵勇不愿意去，结果只招募到5000人，编成10营。原奏调蒋凝学部马、步兵7800多人，但也因为欠饷等原因，迟迟没有开拔。原奏调署皖南镇总兵唐义训带部队去，后来唐义训来信禀告，自咸丰五年（1855）入湘军以来，一直没有回原籍省亲。咸丰八年丁母忧，也没准假，母亲的灵柩至今没有安葬。他本人常年征战，伤病严重。这次在江西见到，“该总兵实系宿疾未愈，精神委顿已极，不能从军西征”。杨岳斌还主动为他请假。可见杨岳斌带兵太少，实在不够用。

在陶茂林、雷正绾两部士兵哗变之后，清廷调在江西防剿的记名提督朱兰桂、记名按察使刘连捷立刻率部赴甘。但刘连捷等也并未到达。正如陕西巡抚刘蓉所说，“十余年来，大吏划疆自守，以邻为壑”，“无一旅越境（到陕甘地区）灭贼者”。究其原因，各督府也深恐与回民军硬拼，胜败难保。

在粮饷、兵力极其缺乏的情况下，杨岳斌的剿办方针无法实施。不仅如此，还发生了“兰州督标兵变”之事。

所谓督标，指归总督直接节制的标兵。兰州督标是杨岳斌陕甘所管辖的绿营标兵。杨岳斌初到陕甘时，发现当地督标废弛，便裁汰羸弱加以整顿。可当时“自二月以来兵勇粮食俱极艰绌，而营兵则兼有室家之顾。虽所欠实属无几，不免心怀怏怏”，导致了兰州督标军心不稳。而标兵王占鳌等于事前数日，密约十八人至城外庙中共议聚众索粮。其中的回民兵马魁、马文等以为索粮后必遭重办，不如借口裁兵诱众索粮，并请狄河、北山回民军前来相助，献城归教。

密谋商定之后，趁杨岳斌出师之际，发动哗变。城内变兵与城外回民联合夹击，于同治五年（1866）三月攻破兰州，杀进督协两署，将委员、幕僚、亲兵、随丁等相继斩杀，将两署附近劫掠一光，市民也被杀害不少。

远在庆阳的杨岳斌闻变，悲愤不食，急忙回到兰州，将情节重大谋乱之首王占鳌等正法，其余皆宽大处理，以防反叛。

在这次叛乱中，布政使林之望于三月初三上了一道《副将罗宏裕办理不善激变兵营》的奏折，称各营久缺兵粮，副将罗宏裕在分粮食时，将粮食多半分给各兵勇，而没有给标营，导致营兵与兵勇械斗纷争，互相杀死数人。布政使林之望急忙安抚解散，分给各营粮食，才平息矛盾，等等。

上谕要杨岳斌即行查明覆奏。杨岳斌查明后，于同治五年（1866）四月初七日上了《覆陈兵变情形并各营务折》。

杨岳斌说，甘省营伍废弛，积弊日深，多年来存在多报冒领现象。“臣固知积重难返，而亦未敢相率因循，拟先整省标营伍，再革外营弊端”。他委任随营提督杨占鳌等“清厘宿弊，裁汰老弱，挑补训练，亦极认真”，这样，影响了一些人的利益。实际上，标营的粮饷基本能按时发放，而湖南兵勇的粮饷已经拖欠五六个月之久。这些标兵作战御敌懦弱无能，滋事却有余。他们蓄谋已久了，我带兵去了前方，离省城很远，布政使林之望坐在省城，竟毫无觉察。当天，兵丁起事时，沿街呼唤，喧嚣到半夜，若林之望早点出来，做点工作，将他们解散，也不至于后面闹得那么大。因此，查明林之望的奏报，明显为叛军所胁迫。

这里说的林之望，字伯颖，又字远村，安徽省凤阳府怀远县人。嘉庆十六年（1811）出生于一个书香门第，幼读诗书。道光二十四年（1844），中江南解元，翌年成进士。入翰林院。后记名御史，累迁刑科、户科掌印给事中。补援江西道监察御史，后转京畿道监察御史。同治初年，派到甘肃任布政使。

杨岳斌初任陕甘总督时，曾接到布政使林之望被回族军和捻军合围在野牛岭的消息。他召集总兵彭楚汉和杨明海，下令让杨明海率两千轻骑兵前去营救。然而，彭楚汉分析形势，劝说道，如果去营救，必然造成兰州府空虚，无人看守，要是回族军和兰州的回民联手破了兰州府，后果不堪设想。杨岳斌思忖一会，自恨手上兵马太少，只好作罢。

半个月后，林之望带着残部突围回到兰州，众官员出城迎接。林之望当众解开血迹斑斑的战袍，把战袍丢在杨岳斌面前，拂袖而去。

自此以后，林之望算是与杨岳斌结下“梁子”。林之望对杨岳斌心怀不满，参奏他“剿匪不力”，说他部下打的胜仗为“虚报”，等等，杨岳斌念及自己没有发兵野牛岭的缘故，心有愧疚，隐忍下来。

再后来，林之望又奏劾杨岳斌教军无方，朝廷降杨岳斌为二品留任。被降职的杨岳斌有些狂躁，干脆将兰州府防务统交给林之望，自己把守泾州。

五月底，杨岳斌抵达泰安一带，刚好又有布政使林之望的奏折过境，被杨岳斌部下截获。杨岳斌部下知道他们之间的过节，也知道林之望经常参奏，说杨岳斌部队的坏话。各营一片哗然，说这奏折里肯定有欺骗君主、诽谤兵勇的内容，坚决请求截留。杨岳斌一查，是五月初八日发出的，不会是受胁迫而写的。因怕部队哗变，万不得已，将奏折暂留。六月二十三日，特别上奏《补递藩司折片片》，“臣为仓猝定变，擅搁藩司章奏，虽不敢久壅于上闻，究属有乖于体例，应请将臣交部议处，以示惩儆”。

后来部议，要将杨岳斌降五级调用。慈禧太后念及杨岳斌是平定太平天国的有功之臣，加恩，改革职留任，并改为三品顶戴。七月，杨岳斌上疏说：

我是一个微贱的武夫，承蒙朝廷恩宠，委以重任，只要有稍效寸功，无论如何为难，也不敢不竭犬马之力。但是到陕甘一年多，极少成功。分析主要原因，一方面是粮饷奇穷，另一方面是我一直带水师，未带过陆军，于战守调度、地理形势等不熟悉。且出身行伍之中，筹粮、筹饷、课吏、治民等大事，尤不内行。所以，军务上没有什么起色。另外，我从军十多年，屡次重伤，从来未治愈，旧时吐血之症，时常复发，奔驰于陕甘道路，感觉身体孱弱，难以胜任。加上标兵叛乱，责任重大，有如万箭穿心，以至于饮食大减，夜不成眠，力竭神疲，形容枯槁。只怕难于胜任这一职务，有误朝廷的信任和大局。

我查甘肃省回乱沸腾，焚掠残杀，到处都是。以后增援剿匪部队，日增一日。那些叛军粮食无一不是取之于民，相沿至今，祸害越深，田土荒废，民生凋敝。去年秋天上奏，批准于四川、陕西两省比较好的地方，筹措军粮数万石，至今运送至秦州者，只有数千石。秦州以西，车骡久已被叛军耗尽，不能再前行。如今粮食问题已相当严重，不知道下一步该怎么办，这是军粮极度困难的情形。

去年，两江总督曾国藩奏明，江南等省每月提供我们银两十万五千两，但到如今，如额如期运到的，不足十之二三。现在，我们每月仅得六万两，除制造火器、军装以及运费等饷，实际仅得三四万两。把它们分配给雷正绾、曹克忠等各军及我的部队，每个兵勇两个月才可得一点生活费用，这是军饷拮据万难的情形。

甘肃这边食用相当贵，每个兵勇所费一天要超过百钱，今得饷不多，早已将衣被卖掉，每个兵士形同乞丐。加上粮食缺乏，有时一天吃一顿饭，有时一天不生火，有时甚至挖掘草根，剥食树皮，苟延残喘。每次遇到作战，必须筹措十数日，才能带上一两天的粮食。即或战胜，而战士们饥疲无力，不能追赶叛军。我每次看到这一情况，心酸泪下。虽然加以鼓励，但都是讲空话，解决不了实际问题。所以有时打败仗，不能制止。现在所存的营垒，虽然勉力支撑，然逃亡的兵士不少，凡营哨官，都想离开。曹克忠因此焦急，竟至成病，这是营务危急万分的情形。

叛军股数众多，搜括数年，民间一马一骡都被他们占有。每次打仗，千群万骑以相抗拒，败则行走如飞。我军多系步兵，日行军仅百余里，不到几天，疲劳不堪，往往截住其前，反落其后。马、步兵之间的区别这么大，饥饿温饱的程度也不同，所以，攻剿尚算容易，而拦截最为艰难，这是叛军飘忽不定难以制胜的情形。

从大局形势分析是这样，而以我个人的病情来讲，更是如此。我所以早晚忧虑，因为知道，凭我的力量，必不能解决甘肃之事。若再在这个岗位上久留，必至贻误战机，影响安定。我个人的罪过原不足惜，而甘肃这边的事业，如此下去，将更加不可挽回。对大局来讲，是十分不利的。

杨岳斌关键时候上这个疏，可谓条理清晰，情真意切。根据当时的情况，实属无奈之举。缺粮、缺饷、缺兵马、缺武器、缺后勤保障，这仗这么打？可见当时真是相当艰难。

疏入，杨岳斌获准开缺。调左宗棠为陕甘总督，命令杨岳斌等左宗棠到任，再办理交接手续。

当时，陕西的叛军窜入甘肃，蔓延在清水、秦安一带。杨岳斌觉得，秦州是比较好的地方，怕叛军攻占。并且，这是甘肃省转输粮饷的要道，就这一条重要的通道，一定要保证通畅。因此，布置甘肃防务，带领部队驻守秦安的陇城镇，调度各军，对叛军分股截剿。使叛军不能得逞。

八月，狄河的叛军，偷袭巩昌，防军失利，巩昌城被陷。杨岳斌飞檄总兵傅先宗，命令他带兵救援，当天就攻克，斩获很多。当时曹克忠因病在西安就医，杨岳斌亲自指挥，往来督战。

九月，兰州一带粮饷告急。杨岳斌将南路平定，疾驰回到省城，筹集粮饷，应付危局。十月，横河、川塬叛军被追剿逃窜，攻入平凉府城。在杨岳斌指挥下，第二天就收复。此后，西路各军攻下裴家营、镇虏堡等叛军老巢，对群众就地安抚，平番、古浪一带驿路畅通，东路亦捷报频传，攻破横河、川塬叛军老巢。

十二月，杨岳斌病情加剧，左胁下长了一个大脓包，粗如碗大，疼痛难忍，饮食难进，请求休假一个月。

同治六年（1867）正月，杨岳斌再次上疏，陈述病状，请派将军穆图善就近赴甘肃，代替他的工作。二月，得到朝廷同意。上谕曰："杨岳斌奏病势甚笃，请派员暂署督篆，并恳回籍调理各折片。情词恳切，览奏具悉，若再勉强挽留，朝廷亦有所不忍。惟穆图善剿办东南回匪，并安抚已降之众，在在均关紧要，一时能否遽赴省垣，尚须斟酌情形，悉心筹办，不致顾此失彼，方为妥善。杨岳斌俟穆图善到省接署督篆后，将一切情形详悉告知，再议起程，毋得遽行回籍，致误公事。”

四月十三日，宁夏将军穆图善来到兰州，署理陕甘总督，杨岳斌办理完交接后，带领随从，离开甘肃，取道陕西、四川，沿途一边行走，一边治病，于六月回到原籍湖南乾州厅。

第十九章　卸任回籍

杨岳斌带着几个随从，一路风尘仆仆回到湖南乾州。

父母和妻子儿女接到他，自然是十分高兴。父母对他仔细一看，人消瘦了很多，头上已经谢顶，没有几根头发，双鬓斑白了许多。因为瘦，眼睛凹陷进去，显得颧骨突出，有点形容枯槁。其实这一年，杨岳斌才 45 岁，有点像小老头了。

父母看在眼里，很是痛心，知道他一路征战，十分辛苦，尤其是到了西北，水土不服，心力交瘁，不是人过的日子，略安慰几句，让他歇下来。

接下来，杨岳斌没有任何压力了，安心在家养病。请了乾州城最好的老中医，为他精心治疗。约治疗了半年多，杨岳斌身体慢慢恢复了，人发福了一些，气色好多了，精神也好了许多，开始到附近走走，探亲访友。

冲角营老家的房子已经年久失修，比较破旧了，杨岳斌决定整修一下。

尽管杨岳斌的父亲官至直隶独石口副将，但家中一直秉承朴实的家风。家中的房子不大，就是一排木房子，右前修有槽门，左边配有厢房。杨岳斌常年不在家，一家人挤一点，倒也能住下来。

近几年，杨岳斌又添了一个儿子和一个女儿。杨岳斌一回来，觉得房子太拥挤了。于是在正屋的后面，又修了一排青砖房子。家族的人要他修高大气派的木房子，建吊脚楼。杨岳斌觉得，父母住的正屋并不高大，自己在正屋后面修房子，绝对不能太高，以免压住前面的屋。他觉得青砖房子好住。他在江浙、安徽一带打仗，看徽派建筑比较好，就按徽派建筑修了一栋房子，里面是青砖结构，两边建封火墙，看上去朴素大方。新修的房子自己一家人住，而让父母住前栋，以免儿女们吵闹老人。

房子修好，又将原槽门整修一番，扩建了庭院，周围修建了院墙。为了节约开支，前面的围墙是青砖砌的，上面盖青瓦。与后面房子的封火墙一搭配，显得很协调。后面的围墙是用泥土夯成的，上面盖树皮和稻草。家族有人对他说，您这样搞，显得太寒碜了，太没面子了，与您的身份不符。杨岳斌却说，要什么面子？自己住的，住得踏实安心就好。

整个房子改造，花钱并不多，但看起来清爽舒适多了。房子坐北朝南，后有一小山为依靠，左旁是峒河，左右山体呈环抱走势，正前面对着狮子庵方向，视野十分开阔，山水秀丽，环境幽雅，这是杨岳斌最喜欢的。

在新修的后栋神龛上，为了教育儿女，杨岳斌特意书写了一副对联，上联为“欲光宗祖须为善”，下联为“要好儿孙必读书”，横批为“清白传家”。杨岳斌请人刻成木匾，挂在神龛两边。那刻字师父雕刻精细，看上去，字体十分厚重，显得刚劲有力。

杨岳斌有时间也到小时候经常玩耍和走动的地方走走看看。

这天，他来到所里（现吉首市老城区）的下渡船码头。这里是所里游击兵营的所在地，附近有马场。杨岳斌少年的时候，曾经跟着母亲到这里卖过马草。那时候，这里过峒河没有船只，都是靠人工涉水过河。有一年冬天，天气十分寒冷。杨岳斌背着马草，打着赤脚，跟母亲涉水过河。北风呼呼地吹着，河水冰冷刺骨，冷得人瑟瑟发抖。杨岳斌踏进水中，浑身直打哆嗦。爬上岸，杨岳斌对母亲说，等我以后发财了，一定要在这里修建码头，买两只渡船，方便往来行人。母亲说，你是田里

杨岳斌乾州古城故居正面

泥鳅想翻身，哪是发财的命呀？

这次杨岳斌来到码头边，看到三十多年过去，山河依旧，没有任何变化。就同当地人商量，由他捐献银两，修建一个义渡。很快，义渡修建起来，两岸修建的停船码头，还请人钉了两艘渡船，请了一个看船的师傅。从此，过渡的人都坐上了船，不再赤脚过河了。

杨岳斌回到乾州不久，有一天，接到长沙青山铺一个杨氏宗亲的来信。信中说，他们青山铺杨氏家族正在修建一个杨氏宗祠，请他题一块匾，同时，也请他向德高望重的人求一块匾，以光耀杨氏门庭。

杨岳斌在湘阴任外委时，曾有一个部下是青山铺杨氏家族的人。还应邀去青山铺玩过。当地宗亲十分热情，请他吃饭，还请来族长和杨氏长老作陪。虽然事过多年，至今想起来，还历历在目。杨岳斌回信答应着。

其后，杨岳斌给曾国藩写信，只说是自己家族修建宗祠，请曾国藩题匾。很快，曾国藩就为他题匾，将手书内容全部寄来，要他自己请人刻匾。

杨岳斌请人将题匾内容复制下来，寄给青山铺杨氏宗亲。杨氏宗亲根据内容，制作成一块大匾。

匾上正中大字为“笃亲锡祜”，上款题“同治六年丁卯岁仲秋月下瀚”，下款题“赐进士出身、诰授光禄大夫、钦差大臣、太子太保、体仁阁大学士、兵部尚书、两江总督、特赏黄马褂、双眼花翎、一等毅勇侯曾国藩敬题”。款下钤印两枚，一为“曾国藩印”，一为“毅勇侯章”。该匾长 4.35 米，宽 1.7 米，在当时来说，是一块特大的匾。

匾中正文“笃亲锡祜”，“笃”是纯情专一的意思，“锡”同“赐”，“祜”同“福”，意思是好好专一地善待你的亲人，上天就会赐福给你。

该匾落款共 52 个小字，写的全是曾国藩在同治六年前包含虚职在内的所有职位，可以说是一张最全的名片。而曾国藩一贯是比较低调的，这么破天荒地将自己的所有职位全写在一块匾额上送给别人，这是不多见的，说明曾国藩对这块匾及杨岳斌的高度重视。

杨岳斌与彭玉麟，均为曾国藩湘军部下，一同受命创办湘军水师，为湘军镇压太平军立下赫赫战功。也因作战勇猛，所向无敌为曾国藩所器重，与曾国藩结下深厚的友谊。同治二年（1863），杨岳斌倡修宏农堂《杨氏族谱》，请曾国藩作序，曾国藩欣然应允并作序。这次，他又向曾国藩求匾，曾国藩郑重其事，赠送一块大匾，并把自己的官衔全部写上去，这是有原因的。

同治五年（1866），杨岳斌在陕甘总督任上，兰州发生兵变。布政使林之望多次上疏朝廷，弹劾杨岳斌，使杨受到降职处分。后因截留私拆林之望奏折，杨岳斌最后被革职留任，降为三品顶戴。

以前在湘军水师所向无敌、一路升迁的杨岳斌，在陕甘总督任上，可以说，受尽了窝囊气。后来，清廷以左宗棠接替杨岳斌为陕甘总督。杨岳斌再次上疏，称自己病情加重，要求返回家乡休养。这样，朝廷才批准杨岳斌解任回籍。

正是在这种情况下，杨岳斌返回家乡湖南，向曾国藩求匾。曾国藩十分同情杨岳斌的遭遇，不仅答应，而且特送一块大匾，写上自己的全部官衔，算是给杨岳斌这个曾经的部下一点安慰。

由此，也可见曾国藩的一片苦心。

杨岳斌在家休养之余，读古书，临帖练书法。因雅爱兰竹，取其居名“问竹轩”，并刻匾悬挂。

有一天，他来到乾州古城，专门去文庙看看。一看，简直吓了一跳。

因为近年多战乱，年久失修，文庙已经变得破败不堪。

文庙是一个地方的孔庙，也即学宫。乾州古城内这座文庙，始建于清雍正七年至十一年（1729—1733），乾隆六十年（1795）焚于兵燹，唯崇圣祠留存。嘉庆六年（1801）重建，后于嘉庆十五年（1810）、道光十六年（1836）、道光二十六年（1846）又相继扩建和修葺，文庙楼阁日臻完善，成为一方神圣的学宫。没想到，多年不见，已经不像样子了。

曾国藩赠杨岳斌的匾，现存于双峰曾国藩故居“富厚堂”

杨岳斌决定组织募捐，进行维修。他带头捐款，在他的带领下，地方乡绅、社会贤达纷纷解囊，很快筹集了一批资金，对文庙进行修缮。

新修缮的乾州文庙，分为三进，一进左为孔庙，右为学宫。文庙中轴线上，前置照墙，两边分设黉门，进而是红石棂星门、月桥（俗称状元桥）、泮池、戟门。戟门左为名宦，右为乡贤两祠。二进正中为大成宝殿，前侧即为东庑和西庑，院中置条石，石径直达月台，台前有五龙奉圣红石御路。大成殿雕梁画栋，飞檐翘角，风铃飘响，拱棚、藻井、撑拱、雀替、柱础石墩十分考究，且置丹桂两株于侧。三进即崇圣祠，右为学宫、明伦堂和儒学教谕署，照墙南向外为头门，中为大堂，左有文昌宫，中有明伦堂，右为教谕署。其间间以厢房，后有居室。新修缮的乾州文庙规模算不得宏大，但是湘西的著名学宫，也是文人墨客们的精神沃土。

清道光二十年（1840），杨岳斌的父亲杨秀贵迁长沙抚标当都司后，家境好转，便在乾州厅老街买下一栋旧房。该房子稍加修复，只作孩子读书时使用，一家人仍住在冲角营乡下。

这次杨岳斌回家休养，陪父亲到乾州城内老房子一看，因为年久失修，房子已经破败不堪，屋顶漏雨，外墙被雨水浸湿，有些地方已经长草，墙面斑驳，水渍重重。与周边房子相比，简直不堪入目。

父亲说，这房子也该修一修了。杨岳斌于是决定重新修建。

老房子占地近1000平方米，拆除下来后，显得比较宽敞。杨岳斌请人简单设计。临街道为马头墙式三进三院的封火院子，后为花园式庭院，中间建歇山叠楼一栋，四处设置花木、翠竹、山石等。

第一进为“一明两次”硬山式平房，明间簇歇山顶小叠楼；第二进为硬山顶叠楼三间，左右设夹壁屯仓和厢房，中间为天井；第三进是硬山顶平房三间，前后各有天井和厢房；后院为花园式庭院，且配置以花木、翠竹、山石。

整个建筑共有正屋2栋4间，厢房6栋6间，倒座1栋3间，后堂1栋3间，共计9栋13间，建筑面积569平方米。

杨岳斌新修建的房子，在湘军将领中，算是面积很小的，但格局相对考究，建筑工艺精湛，既显得高雅大方，也具有地方民族特色，在乾州古城内，算是别具一格。

第二十章　巡阅长江

同治三年（1864）七月，在攻克南京城后一个月，曾国藩下令解散湘军，湘军陆师与马队从此慢慢解散。唯有湘军水师，因清朝以前一直没有水师，各高层舍不得这么多船只以及水兵，在曾国藩上奏“大江水师，船至一千余号，炮位二三千，利器不宜浪抛，劲旅不宜裁彻。俸薪口粮修补船炮经费，于长江酌留厘税，量入为出”后，遂慢慢改为经制的长江水师保存了下来。

湘军水师的改制，因为曾国藩调任直隶总督，杨岳斌之前升任陕甘总督，所以整个改制规划，由彭玉麟主导并与曾国藩商量讨论。曾国藩在奏折中写道：“黄翼升系彭玉麟部下拨出，李朝斌系杨岳斌部下拨出，惟二人者可以综揽全局。今杨岳斌奉旨驰赴甘肃之任，臣管辖之事过多，所有长江水师亲定规模不得不责成彭玉麟区画一切。”

改制后的长江水师提督，曾国藩以原淮扬镇总兵黄翼升担任。黄翼升，湖南湘乡人。在湘军水师时，随彭玉麟征战江南，后升任淮扬水师统领，与李鸿章的淮军多次配合，打败太平军。平定太平天国后，被授予淮扬镇总兵。

长江水师主要以原外江水师及内湖水师的人马转任，淮扬水勇和太湖水勇则慢慢裁撤。长江水师总部驻扎于江南省太平府，因太平府位于皖南及江苏省中间，可停泊数十营战船，上下通达，出入方便。辖区上自荆州、岳州，下自江苏、崇明两岸，支河、内湖均归其统辖。上下距离达5000余里，分列五省。但因所辖地区过大，除太平府设提督提标5营外，岳州设一总兵，镇标4营；汉阳设一总兵，镇标4营；湖口设一总兵，镇标5营；瓜洲设一总兵，镇标4营；狼山镇设一总兵，镇标2营。共有24营，12000多人。另于岳州设立行署，以方便提督轮流巡查。

同治八年（1869）一月十五日，经过多年的筹划，彭玉麟将水师交接于黄冀升，长江水师正式成立。当时所立规则相当严格，不准水师人员随意靠近岸边。还约法三章：不准登岸居住；不准吸食洋烟；不准打牌赌博等。水师的主要任务是护饷捕盗、巡查私盐等。

一开始，长江水师还是很有战斗力的，因其大部分是由身经百战的湘军水师老兵、老将所转任。另外，长江水师提督黄冀升又定期巡视各水师防区。但因承平日久，多年没有战争，慢慢地，军队老化，士气不振。清廷商议，还要不要长江水师。

关键时候，两宫太后召见了时任兵部右侍郎的彭玉麟，询问有关长江水师之事。最后双方达成共识，“每年巡阅长江专折奏事，公（彭玉麟）奏定巡阅章程，一岁自上游本籍衡州出巡至江浙度岁，一岁自下游出巡至衡州度岁”。彭玉麟辞掉兵部右侍郎职位，每年奉诏巡视长江水师。通过彭玉麟对水师的熟悉，来找出长江水师的问题，以保有其战斗力。

但因彭玉麟常年征战，旧伤未愈，身体越来越差，所以上奏请求回家休息，静养治病。在这种情况下，清廷想起回原籍休息的原水师统领杨岳斌来。于是，命令他与彭玉麟一起，巡阅长江。

同治十三年（1874），朝廷命杨岳斌进京入觐。当时，因为母亲病重，杨岳斌未能遵旨赴京。其间，同治帝于十二月初五驾崩。

光绪元年（1875）元月，杨岳斌来到京城，请求叩谒同治皇帝梓宫，得到批准。其后，仍恳求回籍养亲。

当时，清廷鉴于长江水师日益颓废疲玩，重新起用杨岳斌。利用他对水师的熟悉和往日威名，以图涤荡军纪，再塑强师。

三月十七日，杨岳斌接到上谕：“杨岳斌奏《恳请仍准回籍养亲》一折。杨岳斌著前赴长江一带，每年与彭玉麟往来巡阅，将各营水师认真整顿，并准其会衔奏事。应需办公经费，著两江、湖广各总督筹款，奏明拨交应用。该前督于巡阅之余，随时回籍省亲，仍可借修子职。”

皇上有旨，杨岳斌不得不执行。加之杨岳斌这些年赋闲在家，身体已经恢复。这年才50多岁，还算年富力强，重新出来任事，也是理想中的事。接到上谕后，他上折，“会同臣彭玉麟，将水师事宜认真整顿，断不敢有名无实，亦不敢因私废公”。

四月初八日，他先到天津，与直隶总督李鸿章商办江防与海防事宜。一起到机器各局，参观各种军械制造。看到所制造的武器多而精良，感到高兴。又到大沽新城察看，只见炮台布置，星罗棋布，有很强的防卫能力。

在这里，他见到了老乡乾州人罗荣光，时任大沽炮台副将。老乡相见，分外亲热。罗荣光原为湘军部属，初任把总，后入李鸿章淮军，曾赴上海在洋枪队任职，升到总兵。同治六年（1867），因镇压捻军有功，升记名提督，后补大沽口协副将。

罗荣光亲自演练，炮弹可以打到八里之远，还能命中目标。又试射水雷，速度极快，锐不可当。可见李鸿章在天津一带布置周详，装备精良，是花费一番功夫的。

其后，杨岳斌从天津运河乘船南下，一路巡阅。于六月十四日抵达江宁省城，与两江总督刘坤一会晤，将江海防务反复筹划，力求落实。然后，就到长江一带巡视。

在奉旨巡阅长江水师过程中，杨岳斌认真整顿江防，结合实际，采取了革除江防弊端的一系列行动和举措：

第一，整顿军纪。杨岳斌在巡阅过程中发现，由于太平天国运动被镇压，江面一时平静无事，许多官兵思想开始发生懈怠，军纪松弛。因此，他决定大力整顿各营水师。在巡阅瓜洲、湖口、汉阳、岳州四镇及提标五营时，杨岳斌亲自对各营严加训练，让勇丁驾驶船只荡桨中流，察看其精熟程度，分别进行革赏。自都司以下的哨弁，又令其施放枪炮等武器，以中靶多少定其优劣。同时，他还大力裁撤老弱充数及冗疲之兵，令士兵严格遵守营规营制，不得稍有怠懈。

杨岳斌整顿军纪，首先是强化思想教育，宣明法纪，讲清道理，尽量使大多数官兵自觉地服从命令，遵守纪律。在此基础上，再强调和实行依法治军，赏优罚劣。通过整顿，水师战斗力大大提高，使“将士之自爱，争相策励奋兴”，让水师真正起到“卫国卫民”的作用。

第二，慎选将才。杨岳斌认为，长江水师管辖范围广，责任重大。因此，水师将领不能敷衍塞责。所以选募将才就成为衡量水师成败的重要标准。他认为：“思兵以卫民，唯选精强，而将以驭兵，先求诚朴。”所谓“诚朴”，主要是指诚实、朴素、无官气、不虚夸、不巧语媚上，具有踏实、苦干的作风。只有选拔这样的将才，才能大大提高水师的整体素质。因此，在他所保荐的提镇人员中，长江提督李成谋被认为“仁明笃厚，劳苦不辞，嫌私悉绝”。瓜洲镇总兵吴家榜被称为“军政修明，戎机晓畅”。比较而言，“而四镇中之宣力忠勤、用心精细，当以总兵臣吴家榜为最”。他们实为提镇中不可多得之才。杨岳斌后来又保举了很多贤能之士，如王德榜、林寿图等。

第三，绘制《长江江防全图》。由于长江南北两岸相隔遥远，其中港口纷乱，州县错落，这给绘制工作带来了一定的困难。所以杨岳斌在认真训练整顿之余，认真察看江面形势，亲自周历各江府厅县等地方，又访问当地父老和旧部，详细探讨并认真揣测，绘制成稿，然后，又带着稿子，一个个地方核对修改，最终将“长江水师四镇二十二营及内海水师三镇五营，详细分绘图三十幅，仍加总图一幅冠首”。

《长江江防全图》详细绘制完成，受到清廷高度赞誉：“长江地方要紧，该前督巡查一切，悉臻周妥，洵堪嘉尚。所绘图幅详明，尤见实心办事……图留览。”

正是在杨岳斌和彭玉麟的认真努力之下，长江水师官兵素质明显提高，军队战斗力大大加强，军队风气也为之一新。

收藏家收藏的杨岳斌与彭玉麟专用墨，杨翔供图

杨岳斌在巡阅长江过程中，因为父母身体病弱，多次请求开缺回籍，侍奉父母。

杨岳斌本是个孝子，这几年巡阅长江，只要有时间，都请假回家，陪同父母。无奈父母年岁大了，体弱多病。

光绪五年（1879），杨岳斌父亲卧病在床，难以治愈，母亲又旧病复发，因此，又请求开缺。他在三月十二日上折中说："惟是臣父之病势极缠绵，忽轻忽重，百方调治，讫无灵效，辗转床褥，又经五月有余，饮食精神百不如昔，呻吟朝夕苦不忍闻。兼之臣母素有失红之症……今自入春以来，发而难治，服药无效，亦呻吟床箦间一月有奇，饮食甚微，精神渐短。"可见其父母病情之重，清廷同意他在籍养亲。

这年五月，他的弟弟杨载寿因病去世，享年 54 岁。八月，老父亲杨秀贵病逝，享年 87 岁。几个月之间，连失去两个亲人，杨岳斌悲痛欲绝，无比忧伤。

杨岳斌父亲在世时，相信风水，请来有名的风水堪舆大师，挑选一块风水宝地。结果在所里砂子坳上面的坪山坡相中一块好地，购买下来。

这是一块虎形地，整个山形似一只猛虎，做腾跃状。墓穴正位于老虎屁股位置。前面是一片开阔的田园，明堂宽广，在山中少见。正前朝案为一排山头，叫鱼梁岩，呈笔架状罗列。左边青龙方为枞树脑，大山高耸，环抱有情。右边白虎方为金龙山，似两头狮子会聚，整个山水构成很好的风水格局。

杨岳斌遵父亲的遗嘱，要将父亲葬于这个地方。但根据风水禁忌，这年这个方位山头不开，不能下葬，只能"偷葬"，直到第二年（1880）三月九日午时，正式下葬，定向为酉山卯向。

接着，杨岳斌请人为父亲修建坟墓，打造墓碑，于这年十二月修造完工。

碑文正中为"光禄大夫杨公讳秀贵号宝臣老大人墓"，两边主联为"水净沙明虎啸龙吟真壮丽；前光后裕蛟腾凤起迓休和"，副联为"五色成纹天钟地毓；千祥吉庆霞蔚云蒸”。碑文右边刻杨秀贵出生和去世时辰，左边刻其儿孙姓名等。

按照当时形制，墓前立 4 根石柱，高 4 米，其中前 2 柱呈圆形，上刻狮子；后 2 柱呈八方形，上面刻大象。整个坟墓显得高大气派，为山中少有。

为了给父亲守制，杨岳斌在墓葬下方不远处修建一个孝服堂。主屋为木架结构，一式三间，间墙用竹篾编织，两边糊上石灰白墙。两端建有偏房，左边为茅房，右边为厨房。前有庭院，右前建有土墙门楼。房子不大，但在山中，还算舒适。

杨岳斌在这里守制三年。后招来族弟杨载坤一家来此居住，长期守墓，并买下一些田产，作为守墓人每年的粮食和经济收入。

杨岳斌退役后，也经常住在这里，最后在这里逝世。

第二十一章　中法战事

中国与越南山川相连，唇齿相依。越南历史上长期为中属国，两国关系十分密切。

英法对华第二次鸦片战争期间，法国开始武力侵占越南南部，使越南南部六省沦为其殖民地。

接着，法国转向越南北部，企图利用红河作为入侵中国云南的通道。

同治十二年（1873）十月，法国派安邺率军百余人侵袭并攻陷河内及其附近各地。越南国王阮福时请求当时驻扎在中越边境保胜地方（今老街）的中国人刘永福率领的黑旗军协助抵抗法军侵略。同年十一月，黑旗军在河内城郊大败法军，击毙安邺，法军被迫退回越南南部。

同治十三年（1874）二月，越南在法国侵略者的压迫和讹诈下，在西贡签订了《越法和平同盟条约》，即第二次《西贡条约》。越南向法国开放红河，并给予法国在越南北部通商等多种权益。第二年四月，法国照会清政府，通告该约内容，意在争取清政府的承认，从而排除在历史上形成已久的中国在越南的影响。五月，清政府复照，对该条约不予承认。

光绪八年（1882）二月，法国政府命交趾支那海军司令利维耶（李维业）指挥侵略军第二次侵犯越南北部。三月，侵占河内城砦，进而以兵船溯红河进行侦察，直到河内西北的山西附近。次年二月，又攻占产煤基地鸿基和军事要地南定。

越南朝廷一再请求清政府速派军队支援。清政府鉴于形势变化，命令滇桂两省当局指挥边外防军应对。光绪七年（1881）四月，刘永福率黑旗军在怀德府纸桥进行决战，李维业及副司令卢眉以下三十余名军官、两百余名士兵被击毙。法军被迫退回河内。接着，法国开始全面的侵越战争，除增援陆军外，成立北越舰队，调兵遣将，积极部署。

七月间，法军一面在北越加紧攻击黑旗军，一面以军舰进攻越南中部，直逼越南都城顺化。月底，迫使越南签订《顺化条约》，取得了对越南的“保护权”。此后，中国成为法国占有越南的唯一障碍。法国决定消除这一障碍，立即禁止越南与中国的一切关系，并强迫越南撤退包括黑旗军在内的抗法军，造成了与中国直接对峙的局面。

法国首先想用外交方式达到其目的，但被清政府拒绝，谈判毫无结果。

这时，鉴于中越两国的特殊关系和法国侵越给中国造成的严重威胁，清朝统治集团内部以左宗棠、曾纪泽、张之洞为代表的主战派，力促朝廷采取抗法方针，但掌握清政府外交、军事实权的李鸿章却一意主和。在外交上，一面抗议法国侵略越南，一面又企图通过谈判或第三国的调停达成妥协。这样，反而加速了法国对中国的侵略，直接将战火扩大到中国东南沿海。

法国将它在中国和越南的舰队合成远东舰队，任命孤拔为统帅，乘机分别开进福州和基隆。一方面胁迫中国接受法国条件，一方面准备随时发动攻击，占领这些口岸。

光绪十年（1884）七月，法舰轰击基隆，强行登陆。中国军队在督办台湾事务大臣刘铭传统率下顽强抵抗，使法军不得不退回海上，待机再举。随后，法国议会授权政府“使用各种必要方法”使中国屈服。法国政府拟定新条件向中国勒索，要求赔款八千万法郎，十年付清。清政府没有接受，中法外交关系正式破裂。

其后，法国以先期驶入福州马江以内的优势兵舰向中国船舰猛烈攻击。中国水师仓卒应战，顷刻间，战舰十一艘或沉或伤，官兵殉难者近八百人。法舰又炮轰马尾船厂（福州船政局），将其击毁，并连日对马尾至海口间的岸防设施大肆破坏后驶出闽江口，集结于马祖澳。

后战火延至中国本土。清廷发文，谴责法国的侵略行径，实际上是对法国侵略者宣战。

九月初，法舰分头进犯台湾基隆和淡水。刘铭传鉴于兵力不足，放弃基隆，坚守淡水。法军在基隆登陆后，再犯淡水，一度抵滩上陆，但很快被击退。法军占领基隆一隅，无法深入，对台湾实行海上封锁。

光绪十一年（1885）年初，法军接连从基隆向台北进攻。法舰骚扰浙江镇海，截击由上海往援福建的五艘中国军舰，在浙江石浦击沉其中两艘。二月底，法军占领澎湖岛及渔翁岛。镇海之战，法舰遭到扼守招宝山炮台的中国军队奋勇还击。

中法战争开始后，清朝统治者觉得战争在所难免。真正打起来，还是要积极准备，以做到有备无患。

法国侵略中国，主要是东南沿海，肯定要打海战。要谁去指挥作战呢？清廷想到的第一人选就是杨岳斌。

此时，杨岳斌正在家中，照料病重的老母。

光绪十年（1884）二月，杨岳斌在故乡乾州收到由湖南巡抚潘鼎新转来的上谕："现在海防紧要，前陕甘总督杨岳斌，夙娴兵事，前因养亲回籍，际兹时事多艰，自当以国事为重，力图报称。著潘鼎新传知杨岳斌，即行驰赴福建，会同何璟等将海防事宜认真筹办，并将起程日期迅速奏闻，以慰廑系。"

杨岳斌收到上谕后，母亲正病重，不能离开。于是上了《沥陈未能赴闽会办海防折》，将几年来父亲、弟弟相继死亡，母亲一直生病未愈的情况上报，希望朝廷能批准不去。

五月，又上《请假终养折》，陈述请假理由："至臣年已六十有余……自光绪五年，仰蒙赏准终养后，父与弟病终，母又病重。臣旦夕在愁惨中，旧伤时常举发，匪独无心调理，且亦未忍明言。积久，心血亏损，遇事善忘。兹当海防吃紧，更何敢以衰体庸材滥膺重任。必至军机贻误，闽事难支，而始据实乞休，尤非所以敬君之道。臣再四思维，惟有缕晰陈情，仍恳天恩，赏准终养之假，收回成命，特简才能大员前往办理，早收澄清海宇之效。”

七月，杨岳斌又接旨：“战局已开，军情万紧，杨岳赋深谙兵机，当移孝作忠，力图报称。著（下）宝第等传知克日募勇成军，出膺重任。”

前方战事紧急，杨岳斌当即上《应诏募勇片》回复：“兹当军务吃紧，何敢再以母病垂危仍渎天听……亟令全眷人等星夜回乾代侍病母，俾便募勇起程。至招募之勇，募少则防剿不敷，募多则饷项维艰，抚念时势，实属万难。”

当时，在乾州家中的杨岳斌是坚决主张抗战的。接旨后，便立即开始在乾州一带招募兵勇。他在乾州“衡宝会馆”设站，并启用在职和不在职的文职直隶知州杨克勤等二十员、武职候补副将石朝珩等二十员分赴乾（州）、凤（凰）、永（绥）三厅招募“乾军”。

杨岳斌很清楚备战的重要性，认为招募“一军至少亦须万人。操练精熟，方可言战，若未练即行，与无勇同。防剿各处，援应他方，非厚集勇军不可。查乾、凤、永三厅，民素强悍而朴实耐劳，易于就范。拟在此间招勇十营，不敷之数，到省再为添募”。在招勇的同时，集中到辰州（今沅陵）统一编队，并置办军装，办理采购军粮，领解军饷等事宜。

八月间，清廷海防紧急，法军攻破基隆炮台，随后又损毁了清廷马尾船政局。杨岳斌认为法军可能很快就能攻占基隆，并再次强调“非集厚兵力，实属无以应敌”，要求清廷增派赴台兵力。

面对法国的侵略，杨岳斌在赴台之前，除了筹兵集饷，还向清廷陈述了自己关于国家长远防务的建议。在十月份的《恭报长沙起程日期并摅管见折》中，详细地表述了自己的设想，内容可列为“五事”：

一、精练京外制兵，分扼险要。自军兴以来，国家开始大力招募勇丁，分布于天下各处，为数众多。杨岳斌认为兵勇不分强弱，只要简练得宜，就会军心自振。因此，他向清廷建议令各省督抚、提镇，迅速调集所辖官兵，进行操练。在各本省有海防、江防的地方，择要驻扎，以收实用。

二、团练沿海民兵，合力防卫。法国发动侵略战争以后，清廷虽然加强了沿海防御，但他认为海岸绵长，属防不胜防。法军一旦入侵，临时征调军队往往援不济急。因此，杨岳斌建议清廷令沿海各省督府举行团练，并让殷实之户量力集资，挑选地方壮丁参加防卫训练。这样可以使海防地区人心稳固，在关键时刻，助官军一臂之力。

三、预筹屯粮，以充军实。杨岳斌任陕甘总督时，经历过陕甘粮饷不济之苦，认为只有粮饷充裕，军队作战才有保证。而东南各省号称天下粮仓，而且海上交通发达，便于储存大量粮食。这样如果战争持久，即使粮饷购运无从，政府也可以从容应付。

四、重防陆地，以出奇制胜。杨岳斌认为马尾海战清军的失败，除了防范未周，更是清廷海战舰艇质量与法军相差很大。而这种技术上的落后，是很难短期扭转的。所以他建议以陆路为自守之策，要沿海沿江各省选择最好位置，坚修炮台，与陆地野战配合，实现出奇制胜。

五、迁移机器局，以免疏失。马尾惨败，使清廷经营数十年的福建船厂、机器局被毁，从而使上海机器局成为清廷供给军队装备的命源。可上海机器局位置也靠近入海口，杨岳斌以前车之鉴，建议迁移上海机器局到江西鄱阳湖。

从杨岳斌的抗法奏章与言论中可以看出，他主张认真备战，积极筹划战守，反对妥协投降，力主抗战，并且向清廷提出一系列切实可行的反侵略措施。其言其行，表明杨岳斌是一个具有高度爱国热情的抵抗派。

第二十二章　成功渡台

杨岳斌本着民族气节，奉诏在湘西乾州、凤凰、永绥三厅及湘西各县，招得兵勇 12 营，卫队亲兵 300 名，共计 6300 名。因主要在乾州厅及附近招募，而乾州也是杨岳斌的出生和成长之地，故简称为“乾军”。

光绪十年（1884）八月，杨岳斌率“乾军”在乾州“衡宝会馆”戏台誓师，高举“钦差帮办福建军务前陕甘总督杨”的旗帜，启用钦差行营的“官防”大印，统领所招三厅忠勇朴实耐劳子弟 12 营赶往长沙，打算到省城后再招募 20 营左右，补成 30 营。

九月，杨岳斌接到转来的谕旨，“著传知杨岳斌即将湖南现有八营归其统带，毋庸另行招募”。

接旨后，杨岳斌当即上《遵募成军起程并恳添营数折》，觉得“若非厚集兵力，实属无以应敌”。他列举了同治四年他带 5000 人赴甘肃的事。因为所带兵勇太少，与当地兵勇合计，只有数十营。而甘肃境内到处都是叛军，他的军队太少，东驰西突，很难分配，加上粮饷跟不上，所以军事上很难有起色。这是他一生最为遗憾和深感内疚的事，留下了深刻的教训。“今日之事，较前更难”，他希望将湖南现有的 8 营，同已经招募的 12 营，归他统率外，再招募 10 营，共计 30 营，奔赴福建。

由此可见，杨岳斌是认真备战，并急切希望打赢这一战的。为了便于征战，表示他的决心，他还上奏，把长子杨正仪调到福建前线，随营差遣。其大儿子杨正仪，当年 41 岁，授云南候补道。

十月，正逢慈禧五十大寿。为了笼络人心，慈禧特赏杨岳斌母亲御书“教忠衍庆”匾额一方，大缎二匹。后又加赏紫檀三镶玉如意一柄，大卷红绸袍褂料二匹。

其后，杨岳斌又接到谕旨，要他将湖南现有8营，以及招募的12营，从中挑选精锐，合并成12营，立即带往福建。

杨岳斌当即任命刑部山西司主事、乾州人杨秀实为营务处主事兼中营分统，与前后左右各营众分统官等，率领“乾军”12营正兵6000和伕役1000余人，以及百余名文武随员。又调长子新任福建道员杨正仪率领近卫营300亲兵及伕役，都按老“湘军”编制和供应，总共8000“乾军”分作四起，准备逐日从长沙出发。

杨岳斌当时已赶到长沙，本来想等到各营到齐，取道江西，直到福建。后接到谕旨，要他们从武汉搭轮船赴上海。

十月二十二日，杨岳斌部署各营从陆路向湖北进发。自己坐船，于二十八日，先行抵达湖北省城。当时湖广总督卞宝第在外巡阅未归，杨岳斌与湖北巡抚彭祖贤见面，筹拨军饷军械，会商一切事宜。

十一月初三日，杨岳斌从湖北出发，准备乘船去上海。本想与曾国荃会晤，筹集饷械，询问东南沿海洋面情况。这时又接到电报，因为沿海一带封禁，要他不要去上海。于是，杨岳斌又从安徽湖口折回江西南昌。他一方面写信，要各营昼夜兼程，到南昌集中。一面与江西巡抚刘瑞芬见面，筹拨粮饷。然后，派遣各营，取道建昌、邵武，赴漳州、泉州一带，从陆路行军，择地驻扎。

十一月二十四日，杨岳斌率卫队亲兵从南昌出发，急速行军，十二月十四日，抵达福州。与钦差大臣、大学士左宗棠，将军穆图善，闽浙总督杨昌浚，福建巡抚张兆栋等商明军需和援台方案。后又到马尾会晤船政大臣张佩伦，办领船舶和军炮，并于十九日返回泉州。其间，与原老部下，现福建水师提督彭楚汉等讨定了渡台的事宜。

法军入侵台湾后，实行封锁政策，截断闽台间的联系，使渡台海道被阻断。当时全国各地掀起了支持台湾的运动，福建前线军民利用偷渡

慈禧御赐杨岳斌母亲“教忠衍庆”匾

等办法，进行反封锁斗争，将一批批物资和兵员送到台湾。但是，偷渡援台毕竟成功有限，且损失重大。于是杨岳斌提出，只宜智取，不能冒失。

杨岳斌久经沙场，深知“兵不厌诈”的道理。他一方面指挥下属故意将战船停在泉州海口，派出经常跟在他身边的亲兵上百名，乘坐轮船，待在港口，做出等待时机出海作战的样子，以引起法军的注意。

另一方面，那时候，中国已经引进了西方的电报。清军认为电报快捷，便用电报奏事，但常被法军截获。杨岳斌知道后，他故意给清廷拍发请示电报，说要推迟两个月渡海去台湾。法军截获电报后，以为杨岳斌一时不会渡台，大为放心。

这边，杨岳斌深入海防，微服私访，得知法军困怠松懈，觉得有机可乘。

光绪十一年正月十八日（1885 年 3 月 4 日），杨岳斌带领卫队亲兵一百余名，及长子杨正仪、知县夏敬仪、千总王光庭、外委姚兴廉、廪生许孝虞、文童周敬德、军功董卿云等，均扮作渔人，雇佣“长胜”轮，由泉州秀涂口乘晚出发，夜渡前往台湾。

船行二百余里，将至午夜，突然，海面狂风大作，波涛汹涌。小小渔船在海面上颠簸、飘摇，随时都有翻覆的危险，危如累卵。一生见过无数风浪的杨岳斌一时也大惊失色，仰天长叹，“天亡我也”。又对着身旁的儿子杨正仪说：“我为国尽忠，你尽孝，也落得个两全其美，死而无憾！”

儿子紧紧地护着他，让他安坐下来。

舵手也是久经风浪的老手，知道杨岳斌一行为护台而行，生命十分重要。他沉着应变，凭着老练，决定驾船返回金门山，再换大一点的轮船前行。

一会儿，风平浪静下来。杨岳斌放心地说：“天不亡我，台湾就有救了。”

第二天，他们换“平安”轮前行。

此时因法国军舰对台湾海峡的严密封锁，“海禁正严，防务万紧，法人以十余号兵轮，沿台湾全岛日夜窥伺逡巡，枪炮声远近相闻，往来商艇民船被炮弹击沉者甚多，海道阻塞，久已不通”，任何船只均无法正常横渡进入台湾西岸港口。“平安”轮只能避开澎湖岛，先行南下迂回，经台湾岛最南端的鹅銮鼻，再沿台湾东海岸北上，历时三天三夜，终于正月二十一日（3 月 7 日）到达台湾东海岸的埤南厅。

在埤南稍作休息，杨岳斌于二十四日率队启程，穿过高山土著民族生活区，经恒春（今屏东县恒春镇）、凤山（今高雄市凤山区），沿途接见文武官绅，访察地利民情。

刚好，台湾兵备道湖南人刘璈在旗后炮台，杨岳斌专程阅视，了解情况，激励将士斗志。

二月初三（3 月 19 日），杨岳斌一行抵达台湾府。先看了安平炮台，得知炮台经历年苦心建造，惨淡经营。其间，“周历海口，市民欢跃”，极大地鼓舞了台湾人民抗击法军的信心。

杨岳斌到了台湾以后，他所带领的部下 12 营共 6300 人，及其大批枪械，通过福建水师提督彭楚汉的精心安排，从泉州雇渔船偷渡，陆续到达台湾，其中经历的曲折，后一章有专门叙述。高级将领们则扮作商人乘坐英轮前往，从而大大增强了台湾的防御力量。

杨岳斌在到达台湾后，通过视察了解，对台湾岛的情况进行了仔细的分析研究。对于台湾南部，认为澎湖位于台湾海峡之中，为台湾的前沿，是抗法保台的关键。他以此向清廷上疏道：“欲筹守全台，必先扼重澎湖前路……查澎湖辅车全台，犄角厦门，尤为闽洋关键。”

清廷原先只派副将周善初带营扼守澎湖。杨岳斌认为，孤单一军绝对不够，建议清廷令湖北提督程文炳统率所部渡扎澎湖，协同周善初严密布防。另外台湾府（现今的台湾省台南市附近）距离通商口岸安平仅十里，且城外地势平坦，无险可拒。法国一旦入侵，便岌岌可危。此地“重以积储粮饷、军火、器械”，关系着全台湾的根本。

从光绪十年冬起，安平、东港等每天都有法国舰艇往来游弋，杨岳斌因此更加重视台湾府（即台南地区）的防务。他督促以台南各要港增添转运轮船，积极筹集军火和兵力。

至于台湾中部地区，他认为彰化尤为重要，这里为清廷从福建兴华、泉州向台湾接济的要塞，而且是“台南北之枢纽”。台湾巡抚刘铭传、提督孙开华安排了防务，布置都算到位，但部队不够，需要加强。杨岳斌亲自抽调部队前往扼守。因当时日本也时常来侵扰埤南、小琉球等台湾东岸。杨岳斌主张朝廷应加紧催促福建援军相机渡台，往澎湖、台湾府、彰化各路救援。至于台湾北部，基隆、淡水是台北城两大门户，其中之一如被攻陷，台北城就将不保。从台湾战争开始以来，中法军队围绕基隆、淡水展开了数次争夺战。

杨岳斌抵台后一直在台南督办防务。光绪十一年初，基隆、淡水战事吃紧，杨岳斌奉命于二月十八日起程，并于二月末到达淡水，与巡抚刘铭传共讨破法之策。法军见久攻不下，主力便转而侵向澎湖。尽管杨岳斌早已建议清廷加强澎湖的防御力量，以阻止法军侵占，但清廷竟毫无部署，使澎湖仅三天时间就被法军占领。

而在整个台湾保卫战中，因为杨岳斌运筹帷幄，布置到位，坚守有方，海岛军民的团结抗击，挫败了法国侵略者想攻占台湾的阴谋，使侵略者得不到任何便宜。

中国在这次反侵略战争中，本有机会能取得最后胜利。但由于清统治者的懦弱、妥协，李鸿章等人主张“乘胜即收”，把镇南关大捷当作寻求妥协的绝好机会，建议清政府立即与法国缔结和约。

光绪十一年（1885）年三月初二，杨岳斌率随员和卫队由台湾府城启程赴台北，途中接到大学士直隶总督李鸿章传达的清廷旨谕：“法人请和，别无要求，云（云南）、粤（广东）援越诸军定期撤回边界，台湾定于三月一日停战。”

杨岳斌认为：法使虽然表示停战，但和约尚未签订，但法军仍在基隆、澎湖陆上修筑墙垒，增安大炮。海面上也巡查搜查，严如往常。杨岳斌疑心法军“今既议和，可得如是横行！居心洵属叵测”。

他与刘铭传仍严阵以待，对军队勤加操练，“严密戎备，不敢稍懈”。

直到五月，法军彻底撤出基隆、澎湖，杨岳斌也完成了自己的使命。

光绪十一年（1885）八月，开始班师回朝。年已 63 岁的杨岳斌仍奏请回籍养亲，从此安度晚年。

纵观杨岳斌在中法战争中护台前后的表现，从接到上谕，精心备战，到调查研究，团结各部，再到运用谋略，指挥有方，表现出一个湘军老将的崇高爱国情怀，坚忍不拔的意志，以及抗击外侮捍卫国土的决心。

第二十三章　护卫台湾

中法战争爆发以后，清廷为什么选择杨岳斌而不选别人呢？

首先，这个人必须是忠诚爱国、勇敢无畏之人；其次，这个人必须是为人正派、办事公道之人；其三，这个人必须是德高望重、团结大众的人；第四，这个人必须是足智多谋、运筹帷幄之人。

纵观杨岳斌的军事生涯，这些条件他都具备。而当时天下承平日久，湘军、淮军将领老的老、小的小，也实在找不出更合适的人选。所以，保护台湾的重任历史性地落在杨岳斌头上。

还有一个原因，当时的东南沿海，基本上都是湘军将领在当家。时任军机大臣、奉旨以钦差大臣身份督办闽海军务的左宗棠，两江总督曾国荃，闽浙总督杨昌浚，福建水师提督彭楚汉，长江水师提督李成谋等，都是湘军将领。台湾方面，台湾兵备道刘璈，原福建陆路提督、办台北防务的孙开华等也是湖南人，湘军出身。这些人从湘军崛起，都在杨岳斌之后。而杨岳斌在他们中，论战功、论资历、论人品，都是很好的，可以说德高望重。朝廷派他去，可以利用他的名望，协调各方，形成合力，以取得最好的效果。

左宗棠曾在奏折中极力推崇杨岳斌的才能与威望："杨岳斌公忠在抱，威望素隆，咸（丰）同（治）间宣力长江，命将行师，成绩可考，方今而言，横海伏波之道，罕有出其右者，如带兵轮渡台，必能靖海氛而纾宸廑。"

杨岳斌赴台前后，他主要做好了这些方面的工作：

第一，一片赤诚，精心备战。

中法战争开始后，当时主战派左宗棠、彭玉麟等将领都主张加强沿海防务，并分别在福建、广东附近办理渔团和团练，“使其不为敌用，消除内讧，并达到抵御外侮的目的”。杨岳斌与其加强海防方面有很多相似之处，他虽没有亲自参与海防的防务工作，却多次上疏，反复强调和建议清廷令“沿海各直省督抚，遴选公正绅董，举行团练，预备不虞”，以此发挥民众的作用，来加强防卫。

杨岳斌在赴台之前，把很多精力用在招兵集饷上，这是由于他把自己在陕甘总督任上军事的征剿不力归咎为兵力和粮饷的不足。他认为法国比回民起义更难以对付，只有充足兵饷，才能战胜法国。这在一定程度上表明了他的抗战决心。

第二，团结各部，共同抗敌。

在杨岳斌去台湾之前，台湾驻军有镇道不和，派系之争，各部之间各自为战，严重地影响了战斗力。

就军政关系而言，原来就存在着台湾道道员、湘军将领刘璈与当时台湾镇总兵、粤籍将领吴光亮之间“镇道不和，势同水火”的矛盾，即所谓的湘系、粤系之争。刘璈指责驻台军队“不知纪律，只知要钱”，“勇借官势，生事扰民。嫖赌洋烟，是其惯习。忽勇忽盗，查办綦难”，并奏参吴光亮，将其挤走。

刘铭传任台湾巡抚后，率其淮军旧部来台。因刘璈与刘铭传在陕甘时，就有严重矛盾。这次刘铭传上任，刘璈又采取不合作态度。刘璈的后台是左宗棠，而刘铭传的后台是李鸿章，这样，原来就存在已久的湘、淮两系相互倾轧的矛盾，在台湾地区又重演起来。

杨岳斌作为湘军老将，德高望重，加上他为人谦和，平易近人，虚心听取各方意见，公平处理各种事务，所以一举改变了这种局面。

杨岳斌虽为湘军将领，但作为钦差帮办福建军务，其身份是代表朝廷。他在到达台北后，能与其他派系人物相处融洽，对他们的军事部署

紫光阁杨岳斌画像

予以充分理解和肯定。他认为“刘铭传布置有方，分统营官哨勇，皆属辛苦出力”，并且积极地参与协防。

由于杨岳斌对台湾地理环境以及民事军情，都不是很熟悉，所以虚心与“抚臣刘铭传、提臣孙开华，遇事妥商，和衷共济”，筹商一切防务，共讨破法之策。与之相比，刘铭传在处理各级关系的过程中，远不及杨岳斌。他与左宗棠、孙开华、刘璈一直不和，积怨过多，限制了他的指挥作战，一定程度上影响了抗法战事。

在追究处理基隆失守之责时，更体现了杨岳斌不以派系画线而以大局为重的胸怀。清军的撤退使法军轻易占领了基隆，法国侵略者日思夜想的“踞地为质”计划得以实现。而刘铭传撤军失地则随之成为舆论的焦点。在战后追究事由时，左宗棠与刘铭传关于失守之责、失守原因的争论越闹越大，派系斗争更趋激烈。

面临湘、淮两系代表人物的相互攻讦，杨岳斌公平地处理了这一案件。在他所上的《遵旨确查据实复陈折》中，根据客观事实，实事求是作出结论。其处理既没胡捏乱奏，也没有避重就轻，尽量持平公允，体现了他不因派系不同而落井下石，秉公执法的精神。

杨岳斌潜渡台岛之际，也恰是占领基隆的法军新添重兵气焰嚣张地连续四天分路猛攻，欲置刘铭传淮军于死地之时。刘军与法开战两月以来，遭法封海，孤悬海外，求援不应，加上岛内南北湘淮将领失和，刘虽孤军“力与拒战”，终因枪炮不敌，伤病过多，“能战者不足三千人”，又遭疫病，“军士日有死亡”，已到了“保一日是一日”的岌岌可危绝境。

杨岳斌率“乾军”驰抵淡水，会见台岛提督湘军将领孙开华，加以抚慰补给之后，即于光绪十一年二月初三（1885 年 3 月 19 日）亲临台北府城，会见台岛巡抚刘铭传，为刘补员补饷补军械，终使刘军绝处逢生，淮军士气为之一振。杨岳斌以钦差统筹全台军务之际，特招台南刘璈、台北刘铭传、淡水孙开华等湘军淮军诸将沟通关系，协调战守。

正因为这样，在杨岳斌的努力下，团结了海峡两岸的所有力量，一致对外，因而取得很好的效果。

第三，精心组织，保障供应。

这里要介绍福建水师提督彭楚汉。

彭楚汉，字习之，号纪南，湖南湘乡（现双峰县）人。清道光十年（1830）生。彭楚汉最早参加湘军水师，为杨岳斌的部下。他有勇有谋，屡建奇功，深受杨岳斌的器重。他随杨岳斌与太平军作战，战功显著。积功累保至记名简放提督，补授广东琼州镇总兵，诰授建威将军，赏“利勇巴图鲁”名号，戴花翎，穿黄马褂，予云骑尉世职。

同治四年（1865）二月，他又在湘乡、衡山招募5000人随杨岳斌赴甘肃，与回民起义武装力量作战。他指挥部队，屡战皆捷，战功卓著，赏一品封典，后任长江水师总兵。同治十一年（1872）八月，升补福建水师提督，加强台湾防护。

同治十三年（1874）十月，赴福建水师提督任，为福建第三任水师提督。他认为当时中国之弱，关键在于没有新式舰队及相应的强固海防；且近代西方列强对于中国的入侵大都是从海上发动的，所以，建立强大的海军，筑成海防的钢铁长城，是他梦寐以求的强国目标。赴任后，他迅速改组福建船政各船，建成中国近代第一支海军舰队，布防台海，挫败了日本侵略台湾的阴谋。

光绪十年（1884）九月五日，法国军队封锁台湾各海口，使大陆援台陷于中断。清廷于九月八日、十一、十二日发给刘铭传的旨令亦无法送达。彭楚汉设法派渔船偷渡至台湾偏僻小港鹿港，间道送至台北转刘铭传收。后来又以同样的方式运送前福建水师提督吴鸿源所募漳泉勇2营，至台湾偏僻小港登岸，增强台湾防御。十二月中下旬，彭楚汉将左宗棠从江南防区调来的由王诗正统率的湘军恪靖5营约3000人，及枪1000支，子弹500万发，分别雇渔船于黑夜中偷渡，或将官兵扮作商人高价乘坐英轮前往。

光绪十年（1884）底，彭楚汉与杨岳斌会晤。他为老上级的爱国精神所感动，表示要不遗余力，协助杨岳斌工作，共同抗击法国侵略者。

他暗中布置，将杨岳斌湘军12营共6300人、毛瑟枪2000支从泉州雇渔船偷渡。高级将领则扮作商人乘坐英轮前往，从而大大增强了台湾的防御力量。

近2万名官兵在台抗法，需巨额军饷开支，军饷的运送十分棘手。彭楚汉除派官员押解，雇渔船偷渡运送一部分外，主要是通过与台湾商人有密切关系的厦门巨商叶文澜以汇款形式，由厦门汇给台湾商人，再转交给刘铭传，前后共汇数十万两，从而保证了军饷的发放。

在杨岳斌的统率下，彭楚汉不拘形式运用智谋出色地完成了援台的后勤转运工作，保障了前线的供给，稳定了军心，是中法战争清军取得胜利的重要因素之一。

第四，爱护士卒，同舟共济。

因为法舰对台湾东海岸封锁的加强，给后续潜入台湾的杨岳斌乾军造成了极大的损失。

光绪十一年二月二十四日（1885年4月9日），分统左军的原提督王仁和，已革升用提督记名总兵周文翔，记名总兵方国淮，各挑三哨，由平安轮船潜渡，驶至恒春洋面，被法军舰截击，一时部分兵勇投水。同时，被法军枪炮击死者一百余名，饷银被法军掳掠一空。

二月二十六日（4月11日），法国海军在台湾琅峤洋面截获了“平安”号轮船，船上所载援台的杨岳斌部700余名乾军官兵全部被俘。一次被俘人员如此之多，实属自1840年第一次鸦片战争以来前所未有，因而此事引起了清廷朝野的高度关注。

三月二十二日（5月6日），杨岳斌电奏总理衙门，要求“照会驻京法公使，转饬澎湖法带兵官，按照公法，将人船交出之处，出自酌夺施行”[1]。台湾道刘璈派人乔装打扮，以侦察“平安”轮被俘后的详情。钦差大臣督办福建军务左宗棠，更是对法方将“平安”轮被俘官兵“一半载往西贡，一半载往基隆做工”[2]的做法表示了极大的愤怒与不安。李

1《近代中国史料丛刊续编》。

2《近代中国史料丛刊续编》。

鸿章也于《中法和约》画押前，专门照会法国公使巴德诺，要求“将前次拿获平安轮船之官兵全数释回，其携往西贡者，即交便船载回澎湖，由闽浙督臣派员往澎湖领取”[1]。

运送乾军的“平安”轮被法军截击之后，杨岳斌一直关心部属的下落，在他的一再过问追究之下，这一事件成为中法和谈善后的一个重要内容。四月二十七日（6月9日），中法条约议定画押后，清廷随即电谕李鸿章：“迅派妥员前赴澎湖，会商法兵官，约定日期，将掳去弁勇王仁和等七百余人妥为收回。其中如有被敌伤害者，必须与之理论。至由西贡载回者，酌给船费，均由该督妥办。”[2]

五月初七（6月19日），巴德诺致函李鸿章，提出要将在台湾及澎湖地区拿获的22名商民送回妈宫安置，等李鸿章派人到澎湖后与“平安”轮船官兵一并交还。第二天，巴德诺将利士比发给自己的电报转发给李鸿章，利士比称：“妈宫地方，现有前获中国兵士四百余名；俟中国委员到澎湖时，即交收回。另有前送至西贡者二百五十名，本提督前接贵大臣电咨后，业经电咨南圻总督将该华兵二百五十名迅速送回澎湖，迄今不日即可全到矣。再，基隆又有前获中国兵丁约计一百人，俟我法兵已撤后，立即释放。”[3]很明显，法方已决定释放所有台湾保卫战中被俘的华人。法军在五月初九（6月21日）全部撤离基隆时，也如约释放了100余名华兵，由记名提督苏得胜等人当面点收。

李鸿章随即请旨派候补中书科中书罗臻禄、津海关副税务司马士前往澎湖负责接收事宜，并得到朝廷允准。五月十八日（6月30日），罗臻禄、马士与福建水师提督彭楚汉，以及杨岳斌派出的接收人员赶赴澎湖妈宫，经过双方的点验交接，于次日清晨六点，用船将“平安”轮船所载弁兵王仁和、周文翔、方国准等二百五十名，又弁兵汤贤等四百六十二名，又台湾、澎湖商民九十名，一共803名兵民运往厦门。

1《近代中国史料丛刊续编》。

2《杨岳斌集》。

3《近代中国史料丛刊续编》。

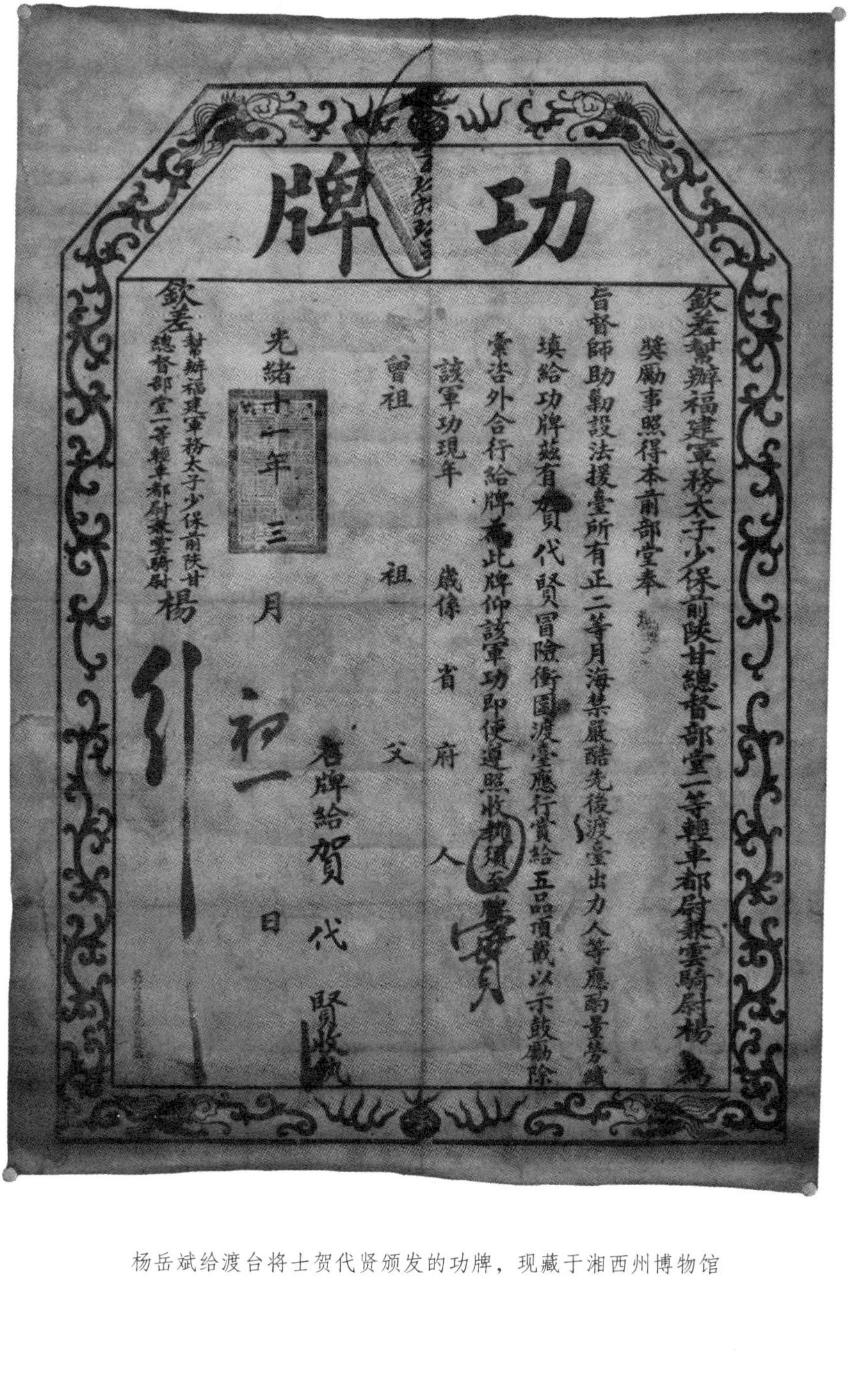

杨岳斌给渡台将士贺代贤颁发的功牌，现藏于湘西州博物馆

针对上谕中强调的“平安”轮事件中，乾军官兵有无伤者的问题，罗臻禄在给李鸿章的电文中特别指出：“所有乾营官王仁和、周文翔、方国准及各哨官、文案、字识并无一人短少。”

其后，杨岳斌上奏折，请求朝廷奖励在战中出力和助饷的台岛官兵士民尽忠守土之功；请奖乾军渡台文武兵勇扭转危局完成护台伟业之功；特别请求奖恤于光绪十一年二月二十四日（4月9日）搭乘“平安”轮渡海时在恒春洋上遭到法军巨舰截击殉难的百余乾军官兵，并将他们入祀于乾州厅“昭忠祠”；多年之后，又得入祀于台岛人士特修的“湘军昭忠祠”中。

杨岳斌在赴台以后，能够正确地分析当时台湾地区的军事形势，并采取一系列军事方针及行动。他有着极高的军事才能，以及成熟的应战本领。在战术上，他仍依刘璈原来所分前、后、南、北、中五路官兵分统联防之策，“各专责成”，“以明赏罚”，特别加派湖北提督程文炳驻守前岛澎湖加强防务，杨岳斌率“乾军”机动驰援各处。驻岛清军从此兵强械精，粮充饷足，形成以逸待劳之强势。法军虽常派三五兵轮沿海炮轰骚扰中南十余港口，甚至打到后山埤南、花莲、成广澳等地，都遭各地守军痛击，无法登岸入岛。基隆法军欲夺台岛资源，而苦于基隆煤矿业已炸毁，又想南下夺粮，却苦于全台严防无路，已形成“鸡”困于“笼”之势，援补渐见短缺之中，致有饥饿法军潜来降清，法军军心日渐涣散。加以主战法将孤拔战死海上，夺台阴谋更难得逞，迫使法军终于向清廷“乞和”，达成和议，破例无赔偿地结束了中法战争。

从上可以看出，杨岳斌是一个比较具有民族观念和爱国思想的人。在中法战争爆发后，本已解职的他，面对当时中国外患日迫、国土沦丧，没有无动于衷，是一个主张坚决抵抗的主战派将领。他以62岁的退休之身，不顾家愁，勇赴国难，强渡台湾，为抗法护台竭尽全力。这一点上，他与另一个湖南人左宗棠抬着棺材进新疆异曲同工，为国人所敬仰。他在人生的最后一段时光，以忠君爱国的实际行动，做出了自己的贡献，为时人树立了榜样。

为了表彰杨岳斌保护台湾的功绩，第二年，即光绪十二年（1886），紫光阁图像录其长江战功最著者数事。

第二十四章　安度晚年

光绪十一年（1885）八月，杨岳斌交接好台湾的防务，率部队返回。返程的路线是，由福建、上海乘船直达汉口；换雇民船，坐到常德；再由常德，到辰州（沅陵），然后分别遣散。

船过常德时，他写下《过武陵》七律一首：

布帆斜挂武陵烟，破浪乘风利大川。
昔日已投班子笔，今朝闲泛米家船。
渔歌夕照归前浦，雁字秋光写远天。
回首望云云欲散，蓼花红乱水涓涓。

这是杨岳斌护台归来写下的一首律诗。全诗通过又一次过武陵，感慨万千，回顾自己多年的征战经历，如今，百战归来，看淡了一切，只愿国家长治久安，自己过上一种闲适恬淡的生活。

杨岳斌因为年纪大了，雇船从辰州，坐到湘西泸溪，再从泸溪转入峒河，沿着峒河一路上行。

因为母亲一直生病，杨岳斌归家心切。这天天黑了，离乾州尚有数十里。杨岳斌吩咐船工，继续航行，争取连夜赶到家中。

小船一路上行，因为水有点急，小船必须挂上风帆，通过风力，吹着船儿逆水行驶。

因为离家不远了，杨岳斌心里有几分激动，睡不着，便走出船舱，走到甲板上。

这天，月明星稀，一弯月亮挂在天上，照在峒河两岸，也照在船上。峒河两岸高山耸峙，像两条巨龙伸向远方。峒河水哗哗流淌，不时与船底撞击，发出“哗哗”的声音。河风吹拂着，吹得风帆鼓起，发出“呼呼”的声响，吹到人身上，十分凉爽。

此情此景，使杨岳斌心有所感，激情喷发，很快吟咏出一首诗来：

青年提剑走西东，百战余生万念空。
今日归来何所有？半船明月半帆风。

杨岳斌十分激动，将这首诗念给船上人听。大家听了，齐声称颂，“好诗，好诗！”

这就是杨岳斌在湘西流传甚广的《归峒河》诗。

这是一首七言绝句。前面寥寥两句，就将青年提剑出征，东奔西走，百战归来的场面、心情形象生动地概括出来。接着，笔锋一转，今日归来何所有？没有衣锦还乡，没有锣鼓相迎，只有清风来相伴，明月照人还。杨岳斌是一个清官，平生不爱钱财，所得俸禄，大多分给困难的下属，或回乡时捐赠，做了慈善事业。所以这“半船明月半帆风”，既是他空船返乡的写照，也是他人生的一种表白。

杨岳斌回到乾州的家中。

他首先看望母亲。离别差不多一年，母亲的病一直没有好转。半身不遂，躺在床上，不能动弹。因为已达 85 岁高龄，身体十分虚弱。

母亲看到杨岳斌回来，十分高兴，慈祥的眼睛里，突然涌出了几滴泪水。杨岳斌看见，跪在母亲的床头，紧紧握住母亲的手说：“仗已经打完了，我再不用出去了，可以安心陪您老人家了。”母亲点了点头，示意他坐下。

杨岳斌本是个孝子，近年来，因为父母年纪大了，身体多病。他多次请假回乡治病或养亲，因为理由充分，情真意切，朝廷常常为他的一片赤诚所感动，几乎每次都能给予一定的假期。

母亲患病，他赋闲回家养病省亲时，对母亲晨昏侍奉，汤药亲尝，极尽温顺孝道之事。他同时要求亲属后人，遵守孝道，敬老尊贤，自己也为大家做出了表率。

父亲和弟弟杨载寿病逝后，他作为唯一健在的儿子，对母亲更尽孝道。中法战事告急，清廷连下三道圣旨，要他移孝作忠。他也知道必须走，但心中舍不得病中的母亲。杨母知道儿子面临两难处境，把他叫到病床边说："我们杨家世代忠良，我知道你孝顺。朝廷三道谕旨是不能抗拒的。国家有难，匹夫有责，大丈夫以身报国才是大孝。我虽然卧病在床，但没有什么大事，国家需要，你不要以我为念。"这更坚定了杨岳斌以尽大忠代尽大孝的决心。

台湾大捷后，杨岳斌本可打马还朝，赴京领赏，享尽功成名就的无限风光。但他一边妥善处理公务遗留问题，一边恳请及时回乡侍奉病母。得旨后即返故里，要为母亲养老送终。如此大义之人，实属少见。

因母亲的病情严重，在乾州医治不好。杨岳斌听信亲戚朋友的劝说，省城善化的医生好些。所以在第二年正月，杨岳斌夫妇专程侍奉母亲到长沙治病。

三月十日，母亲因病不治，驾鹤西去，终年 87 岁。考虑到扶老母亲的灵柩回乾州路途遥远，而他们一家已经入籍善化，所以决定在善化附近购买坟地，将母亲下葬。

冬月，将母亲安葬于长沙浏阳门外六十余里的禾冲。

为母亲办完了丧事，杨岳斌算是了结了人生中的一件大事。有感于自己年岁大了，也开始在善化购地，修建自己的庐墓。因感恩乡里老百姓的好处，不久，捐资于当地设立一所义学。

接下来，他回到乾州，便开始实施自己的计划，尽自己的所能，做一些功德公益的事。

首先，他要修建一座杨氏宗祠。

父亲在世时，多次提起，他们杨家自从清康熙年间从宝庆府东关桥杨谷脑迁居到乾州厅来，已接近200年，到杨岳斌时，已经有六代。原来带过来的族谱，在战火中遗失。好在前些年，杨岳斌出资重新修了《杨氏族谱》，并请曾国藩作序，算是办成一桩大事。但搬迁而来的杨家，至今已发展到数百人，就是没有一个杨氏宗祠。如今杨岳斌算是发达了，修建宗祠的重任，自然而然落到他肩上。

杨岳斌派族人在乾州古城旁边买了3亩多地，准备修建宗祠。同时，请人规划设计。考虑到杨氏族人不是很多，也考虑到自己的财力，决定只修建一半面积，其余作为空地或以后做其他用场。

经过近两年的施工，一座崭新的杨氏宗祠拔地而起，以其设计新颖实用、建筑工艺精美和地方民族特色浓郁而吸引大众的目光，成为当地建筑的新坐标。

新建的宗祠为穿斗抬梁砖木马蹄墙式大四合院结构，台基为长方形二级台阶，总面阔35m，总进深40m。

第一进为戟门三间，叠楼二层，后接前院天井。

第二进为正堂，上五级台阶便是细钻雕琢的岩门，横楣阴刻“九福堂”三个大字。两侧马蹄山墙，翘首，脊线饰图案绘彩。正为大四合院，中有天井，左右为回廊，吊脚挑檐。前后穿斗抬梁式建筑，坨峰皆用厚木材双面雕刻花鸟虫鱼、神话传说等浮雕，技艺精湛，栩栩如生，是典型的湘西传统雕刻工艺。檩、椽之下另加天花望板，可以防尘防漏。

九福堂是湘西乾州祠庙建筑的典范，是典型的地方民族传统木构建筑，精雕细刻，古朴典雅。深邃宏伟的封火庭院，结构紧凑，功能齐全，布局合理，戟门、戏楼、山墙和重檐翘角具有地方建筑特点，是集祭祖、议事、读书、娱乐于一体的综合性场所。

九福堂也是封建宗法族权的缩影。它的建筑造型及内部结构，主要是从维护封建宗法族权的角度进行设计的。气势雄伟的戟门，凌空飞翘的山墙，闭合一统的庭院，森严的神主堂，无不显示宗法族权的威严。

为什么叫做“九福堂”呢？

杨岳斌一生战功赫赫，每一次大的立功受奖，当朝皇上除了奖励他物资以外，都要赐他一个“福”字，这样，积累下来，共有九个“福”字。“九”既代表多数，也是数字中最大的数，所以就叫“九福堂”。

宗祠修好，杨岳斌安排将宗祠内好好陈列布置起来。

一进大门，倒座挂有御赐牌匾“教忠裕后”，后墙壁上挂有御赐九个“福”字、黄马褂等，两侧置“回避”“肃静”，堪称肃穆、威严。

大厅内，还挂有曾国藩赠的“笃亲锡祜”匾，以及杨岳斌的好友及乾州地方官员等赠送的许多牌匾，显得气派大方。

大厅尽头，有一个戏台。戏台前是天井，每次唱戏时，天井和两边围廊三面可以坐人，贵客们则可以坐在楼上主厅和两边“走马楼”上看戏，视野很好，感觉十分舒适。

宗祠建成后，将凤凰厅红树坡一支、永绥厅茶峒一支、吉洞坪一支杨氏合成一个宗祠。举办祭祀仪式，建立规章制度。刻《陆宣公集》《示儿编》《涕泣言》三种，用于家族学习，复刊《古文辞类纂》《唐氏蒙求》等书，作为义馆中的教材。商议建立乾州厅总节孝祠及祭祀事宜，筹集每年维修祭祀费用。

与此同时，他吩咐长子正仪在长沙校场侧面另修建水师昭忠祠，每年七月建盂兰会，私祭十日，因为祠中多当年义士烈人。修建过程中，除筹集的款项外，自己捐助银两 3000 两。

其次，在乾州筹款建杨氏义仓、义学、义地，议定章程，于乾州厅立案，希望久远存续。

又捐建乾州节孝祠，筹添乾州、凤凰、永绥、保靖乡试号舍，修缮考棚，并请求上级为湘西各厅县增加录取名额，得到批准。

再次，杨岳斌开设义仓，拯救灾民。

从前，湘西地方，不是丰收之年，一般都有春荒和夏荒。为了解决春荒和夏荒，杨岳斌开设义仓，经常用自己的俸禄和家庭积蓄救济乡民。他在坪山坡普济寺修建有专门义仓。每逢灾年灾月，都开仓施粥，

九福堂外观

九福堂内景

让乡民渡过难关。

有一年，山西、直隶、河南、陕西等省出现重大灾情，他捐款5000银两，进行赈灾，受到朝廷嘉奖。

光绪十五年（1889）八月，他从长沙返回乾州时，对妻子说，我老了，不能享受子孙的福，请善自保重。送女儿淑庄归南京时，徘徊在马厂河畔，告诫女儿，要以和顺恭敬守终身，说完，泣别。

九月，到乾州祭祀并维修祖墓。在城里时，住在杨氏宗祠里面。在乡下，就住在父亲墓地坪山坡的“孝服堂”。妻子与儿女媳妇都要求他到省城居住，或住乾州家中，生活方便，医疗条件好些，可以安心养老，但杨岳斌不以为意。

年纪大了，杨岳斌经常对儿女们说，你们无论居住长沙、乾州，必依靠在父母左右，身有主而心亦安。他告诫儿女、诸媳、列孙，各执其事、各敬其事，不要依靠长辈。我与你们母亲年将七十，难再为你们操心了。

光绪十六年（1890）正月至六月，他经常寄手谕给儿女们，并附自己的旧作诗稿及所临书谱，希望他们能认真听取，妥善保存。儿女们写信问他的身体状况，他总是以步履饮食强健回答。

五月，从冲角营故居附近拜扫列祖列宗坟墓和审验义学后，又回到坪山坡，以万言书寄训长子正仪与儿媳王氏、孙子道潜，教育他们为官为民的道理。

六月十五日，他到父亲墓前进香过后，感到脚软，一时站不起来。二十五日，心口郁结，十分难受。二十六日，头昏眼花，出气不匀。二十七日，突然感到天旋地转，痰堵塞喉咙，呼侄子杨树仪扶到卧室，吃了点粥，口授折奏，然后睡下。后于巳时去世，享年68岁。

接到杨岳斌去世的消息后，长子正仪率一家人同归长沙，会同懋仪、潛仪几家，共赴乾州，操办丧事。

家人将消息上报京师后，八月二十八日，上谕：

前任陕甘总督杨岳斌，忠勇性成，勋劳卓著。咸丰初年，随同前大学士曾国藩剿办发逆，创立师船，由湖北、安徽、江西直达江宁，肃清江面数千里，厥功甚伟。同治三年，克复江宁省城，蒙穆宗毅皇帝眷念勋勤，赏给一等轻车都尉并赏加太子少保衔，复由福建提督简授陕甘总督。嗣因亲老，准其回籍终养。朕御极后，命巡阅长江水师。上年服阕，后奏准在籍养病。方冀调理就痊，长资倚畀，兹闻溘逝，轸惜殊深。杨岳斌著追赠太子太保衔，照总督例赐恤，任内一切处分，悉予开复，应得恤典，该衙门察例具奏，加恩予谥，并于立功省分建立专祠。其生平战功事迹，宣付史馆立传。伊子附生杨澘仪，著赏给举人，准其一体会试。伊孙候选县丞杨镇荣，著以知县用。杨道瀼，俟及岁时，由吏部带领引见，用示笃念荩臣至意。寻赐祭葬。子正仪，花翎二品顶戴，福建候补道。懋仪，江苏候补道。澘仪，恩赏举人。孙镇荣，以知县用。

上谕对杨岳斌一生，作了全面总结并予以充分肯定，对杨岳斌的儿孙都赐予了封典。

早在咸丰八年（1858），杨岳斌向朝廷上奏，请求将籍贯改为善化，得到朝廷的批准。

善化就是今湖南长沙市的一部分。长沙历来为湖南的首善之区，宋哲宗元符元年 (1098)，从长沙县划出县东南部部分地区置善化县，直至中华民国元年 (1912)，善化县又并入长沙县。

杨岳斌生前，曾有死后归葬善化的心愿，并请风水先生到善化一带堪舆，最后选定了善化县河西乡白箬铺西五里墩莲花塘的月形山，购买下来作为墓地，并进行了修建。

月形山位于莲花塘的万山丛中。周围山峦，层层叠叠，像莲花朵朵，次第开放。月形山位于山峦的中心位置，一座半圆形山峦，像弯弯月亮一样，横亘于群峦之中，故当地人称之为“月形山”。此处地理位置十分突出，据说是一块风水宝地。

但杨岳斌去世前几年，一直居住在乾州的坪山坡，也就是为他父亲守墓而修建的墓庐里，虽然房子不大，但他觉得舒适、安静、自在，不想离开。临去世前，他曾对身边的儿子说，死后就葬在这里，不用去善化了。

去世前几天，他还约了一帮湘西的好友，下到狮子庵的宝狮寺，与宝狮寺的住持聊天。聊得高兴，晚餐还同朋友们喝了几杯酒。正喝酒时，一条蜈蚣爬到他身上，咬了他一口。他感觉身上一阵剧痛，一掌拍下去，将蜈蚣打死，原来是一条很大的毒蜈蚣。

湘西有句俗语，“七月蜂，八月蛇，九月的蜈蚣碰不得”，说明蜈蚣的毒性很大。杨岳斌知道自己被蜈蚣咬了，可能不行了，在寺庙涂了一点解毒药，便硬撑着回到坪山坡。没想到，几天后，就去世了。

虽说杨岳斌自己遗言死后不愿去善化，但他是朝廷命官，曾经奏籍善化，得到朝廷批准。按清朝的制度，朝廷命官死后是要葬归原籍的。其儿子们考虑到影响，况且，杨岳斌的母亲在善化治病时仙逝，葬于善化附近，所以儿孙们还是坚持将杨岳斌的灵柩安葬到善化去。

在坪山坡停放一段时间，举行各种祭祀仪式后，其后人要将他的灵柩从当时的小路抬到山下的大田湾去，在那里准备了船只，以便运往善化。结果在出殡的那天清晨，坪山坡被重重晨雾笼罩着，视野只有几米，根本看不清路线。有人说，宫保大人是留恋这里，不想离开，于是吩咐杨岳斌的儿孙们赶快烧香化纸，磕头祭拜，说是奉朝廷命令，将老爷转运到善化安葬，请老爷放心之类。结果，很快雾开云散，人们这才将杨岳斌的灵柩顺利运送到大田湾的船上。

运送杨岳斌灵柩的船只到了泸溪五里洲，天已经黑下来。按原计划，当晚在五里洲歇息一晚，等第二天早晨再行出发。结果，这晚他们将船停在五里洲码头边，大家就在船上休息。谁知道，第二天一早，艄公们发现船移动了位置，一个晚上，居然逆行了五里。大家都感到奇怪，还是主持的长者说话了，说是宫保大人不愿意离开湘西，对这块土地充满感情，所以才出现这种现象。自然，又是一番祭祀。

其后，其灵柩经过沅陵、桃源、常德、益阳、沅江，进入洞庭湖，再进入湘江，于九月十九日扶至长沙河下，当日入城，择吉于第二年三月二十日下葬善化县河西乡白箬铺西五里墩莲花塘的月形山。

墓地按照清朝的形制，分碑亭、墓庐、墓冢几个部分。在长沙至宁乡的古驿道北侧，建有御碑亭。御碑亭为圆形柱状，内立石碑一块。石碑高 3 米，宽 2 米，正面镌刻着“文官到此下轿”“武官到此下马”。

往前约 500 米，在月形山的中部偏东南方向，建有一幢墓庐。墓庐坐东朝西，青砖砌成，北端有一石门。进入石门，是院内天井。天井内有一神道碑，背东向西，高 2.8 米，宽 1.2 米。正面石刻阴文“皇清诰授光禄大夫太子太保陕甘总督世袭一等轻车都尉杨勇悫公神道碑铭……”。

墓庐北偏西约 200 米，是杨岳斌墓。墓前设有拜祭坪，两旁石牛、石马、武将、文臣各二。石刻雕凿精细，线条流畅。墓后立青石墓碑，中间的主墓碑上镌刻“杨勇悫公之墓”。

一代英雄，长眠于这里。

数十年功名尘与土，一堆黄土掩风流。

附录一

杨岳斌年谱

1822 年（清道光二年） 生年

清道光二年（1822）农历十一月初九日半夜时分，杨岳斌诞生于湘西乾州直隶厅冲角营（今吉首市石家冲街道曙光村）。

祖父杨胜德，在永绥（今花垣县）黄瓜寨围剿苗民起义军时战死。诰赠昭武都尉，晋赠武显将军，又晋赠振威将军。

父亲杨秀贵，生于乾隆壬子年（1792）九月初七日，以荫官任临湘县外委，升长沙抚标把总、千总、守备，升直隶独石口都司、游击、副将。母亲向氏，嘉庆辛酉年（1801）正月十一日子时生。

传说杨岳斌出生时，正是半夜，其母梦见蛟龙缠身，疼痛不已，大汗淋漓。接着，生下一男婴，取名载福，字厚庵。同治元年（1862），为避同治皇帝（载淳）讳，由曾国藩建议改名岳斌，取文武兼备之意。

1837 年（道光十七年） 15 岁

父亲杨秀贵赴临湘汛任外委职务，杨岳斌跟着父亲来长沙读书。

1840 年（道光二十年） 18 岁

学习射箭骑马等各种武艺。

在父亲的操持下，入乾州厅协台衙门当兵（挂名），开始军旅生涯。

1842 年（道光二十二年）　20 岁

奉父母之命，结婚成家。妻子罗氏，道光甲申年（1824）生，时18 岁。祖籍江西赣州，家族在乾州有产业，是大户人家。

1843 年（道光二十三年）　21 岁

三月十四日卯时，大儿子杨正宜出生。正宜，也称正仪、正义，名德春，字芝仙，后署福建粮道。

1844 年（道光二十四年）　22 岁

父亲杨秀贵升长沙协都司，杨岳斌随营。

1845 年（道光二十五年）　23 岁

杨岳斌因刀矛骑射武艺精熟，湖广总督裕庄毅公（裕泰）安排他与诸子操练，并派充标营教习。

1846 年（道光二十六年）　24 岁

父亲杨秀贵调直隶独石口任都司，母亲与弟弟杨载寿随行。

杨岳斌由行伍补长沙协左营外委（一说考补湘阴汛外委）。

外委为清代武官名，初为额外委派，后成定制。外委分为外委千总，正八品；外委把总，正九品；额外外委，从九品。

1847 年（道光二十七年）　25 岁

夫人罗氏带大儿子正仪随军。

1848 年（道光二十八年）　26 岁

正仪先从颜丰山先生发蒙，不久，改从吴贞陔先生学习。

杨岳斌巡河到芦林潭临资江，多次遇到父母卖儿卖女的事，他用钱资助他们，让他们不要卖儿女。

1849 年（道光二十九年） 27 岁

母亲与弟弟自独石口来到湘阴。杨岳斌扶贫济困遍及乡里。

参加围剿新宁李沅发农民起义。这是他第一次参加围剿农民起义的实战。在战斗中，发挥湘西人不怕死的精神，身先士卒，极为勇敢。最后李沅发就擒，他获得赏戴蓝翎的奖赏。这次征战，使他开阔了眼界，增长了见识，积累了经验，积蓄了斗志，为他后来参与镇压太平天国，打下了一定的基础。

在这次战斗中，他也结识了许多朋友，像刘长佑、刘坤一、彭玉麟等，这些人后来都成为湘军重要将领。

1851 年（咸丰元年） 29 岁

奉调赴广西随剿太平军数月。

因疲于征兵催饷，往来山谷，受瘴气影响，染上疟疾，请病假归。

1852 年（咸丰二年） 30 岁

病愈之后，专门训练部下，以备作战之需。

九月二十七日亥时，二儿子杨正寰出生。正寰，名计春，字笛仙，又名懋仪、懋义。

这年，太平军围攻长沙，杨岳斌正在长沙北的湘阴带兵，严阵以待。

太平军很快就打过来了。当时他的长官，以出防为名，一去不返，当了逃兵。他临危受命，率领营兵，与当地老百姓一起，坚守城池，奋勇抗敌。

太平军主力从益阳沿资江攻下岳州，负责进攻湘阴的部队久攻湘阴不下，绕道进军岳州，湘阴县城得以保全。战后封赏，杨岳斌因为守护湘阴有功，提拔为宜章营千总。这是他的立功之始，为他后来的晋升奠定了一定的基础。

父亲杨秀贵因年龄达 60 岁，自直隶独石口副将辞官归居乾州。

1853年（咸丰三年） 31岁

杨岳斌到宜章赴任。

在籍侍郎曾国藩受命督办团练，在衡阳创办并训练湘军水师。曾国藩知道杨岳斌守湘阴城有功，奏调杨岳斌到湘军水师任职，任水师右营营官。这是杨岳斌正式领水师之始。

他回到湘西，大张旗鼓，招募了部分胆子大水性好的兵勇，与曾国藩派人从湘乡招募的一些兵勇，合并组成一营。他们中的好些人，后来成为湘军水师的重要将领。

同时，彭玉麟任水师左营营官。这一左一右，后来都立下丰功伟绩，成为水师名将，也成为曾国藩湘军中的心腹爱将。

1854年（咸丰四年） 32岁

带领水师受训。

一月底，随湘军出征湘潭、长沙、岳州。在岳州作战中，发现鲍超，并接收鲍超来到自己水师营任哨长。

四月，同彭玉麟率水师，配合塔齐布进攻湘潭太平军。在战斗中，身先士卒，左肋右腰受枪伤多处。经简单包扎，继续指挥作战。湘军八日十捷，攻克湘潭。被提升为守备，赏换花翎。

六月，进攻岳州，率水师埋伏于雷公湖，彭玉麟伏君山。派队趋南津港，引诱太平军船出，假装败退。太平军追赶，进入伏击圈，大败，船只被焚。官军攻入岳州。

七月，太平军反攻。驾艇沿湖东岸快速飞行，接近太平军，挥旗发炮，击毙太平军多名。

太平军丞相汪得胜在众人护卫下指挥作战，杨岳斌飞桨挺矛将其刺杀，并夺其船，追奔至临湘，太平军无一生还。立功，以都司补用，赏“彪勇巴图鲁”名号。

擂鼓台之战，率湘军水师以少胜多，攻克岳州，被提拔为游击。

城陵矶之战，广东水师总兵陈辉龙、湘军水师总统褚汝航、同知夏銮、游击沙镇邦等都战死。湘军水师损失惨重，只有杨岳斌所率水师未受到损失，并于第二天反攻，大获全胜。

闰七月，追剿太平军至湖北倒口，搜查消灭太平军，将太平军赶尽杀绝后，岳州门户开始稳固。太平军由湖北进入四川的道路被阻塞。

八月，夜袭嘉鱼黄盖湖。率部队打先锋，在与太平军作战中，被对方火攻烧伤，战船被撞翻，沉入水中，他也被掀翻到水里。他趁机爬上别的战船，继续指挥作战，大获全胜。

通过湘军水陆两军的合力作战，武昌、汉阳被收复。被擢升为参将，授湖南常德营副将。

九月，克黄州府武昌县，顺流而东，截击下游增援太平军。

十月，田家镇大捷，湘军水师名震天下。杨岳斌因彻夜追敌，劳苦呕血，“诏嘉其勤勋最著，加恩赏总兵衔”，并被批准养病休息。

1855年（咸丰五年） 33岁

正月抵达乾州探亲，父母身体均强健，探亲不到20天，因前线战事紧张，返回。

九江的湘军水师失利，太平军再进攻湖北，又一次攻陷武昌、汉阳。

三月，湖南巡抚骆秉章给清廷上奏说，杨岳斌忠勇善战，廉明朴讷，众心素附，宜令招集部曲，修船添械，督师东下，重清江面，与曾国藩湖口一军会合。当时，杨岳斌还在武穴养病。得到命令，尽管身体尚未完全康复，立即统率自己的水师船只，赶赴武昌军营，与太平军作战。

七月，指挥水师配合各路大军，攻下汉口镇，荡平汉阳城外太平军营垒。与彭玉麟部一起，毁坏襄河口铁索浮桥，血战十日，斩获无数。

九月，退兵屯守新堤，修造船只，精简部队，各营水师淘汰十分之三，使队伍更加精锐，以图大举。

十月，湖北布政使胡林翼上疏称，杨岳斌每战必先，病不言劳，功不言赏，志识高出寻常，为水师将才最。

当时杨岳斌已擢升湖北阳镇总兵。很快，兼署湖北提督。

十一月，军队开赴金口。派遣部下都司鲍超等，环绕猛攻太平军船只，将他们全部击沉，使太平军水营失去战斗力。太平军陆军见势不妙，也放弃营垒，逃跑。于是，开进沌口。

十二月，在站鱼套及南岸嘴大败太平军。

1856 年（咸丰六年） 34 岁

年初，由于太平军水营增添了力量，湘军水师在长江上处境越来越困难。

四月，杨岳斌水师会同湘军陆路部队进攻汉阳，派李成谋等下驻沙口，截断太平军水运。亲自督战所部进攻两岸太平军营垒。当时汉阳东南沿江一带有太平军船只 200 多，利用排炮坚守，阻止湘军进攻。

杨岳斌想，湘军水师与太平军水营终有一场大战，应该深入敌后，发动突然袭击，将太平军船队烧毁。

他招募敢死队，喝酒壮行。然后，敢死队挂起风帆，划桨前行，乘着南风，直逼太平军船队，将太平军战船 200 多艘全部烧成灰烬。接着，又战败黄州等地派来援助太平军的敌人。

五月，率领李成谋等进攻黄州，经过兰溪、武穴、龙坪，直抵九江，沿途扫荡太平军两岸船队，驻扎沙口。

七月，九江太平军首领石达开带领部队来增援江宁。湘军将领都兴阿率陆军在黄州据敌，杨岳斌以水师策应。很快，攻破油坊岭上青山太平军营垒。

九月，大败太平军增援部队于蕲州。

十一月，湘军水陆两军会攻武昌、汉阳。水师上下夹击，杨岳斌督阵指挥，将太平军水营船只全部烧毁，两座城市同日攻克收复。太平军残部一万多人，被斩杀者、溺亡者无数。捷报上奏到京城，赏加提督衔。

杨岳斌乘胜同记名按察使李续宾陆军开进樊口，攻破武昌县，连克黄州。当即驶往下游，攻克蕲州。大军开到江西九江，先剿平北岸小池口，将太平军水营消灭，将战船全部没收后，会合陆军进攻府城。

这年冬，父母带着儿媳、孙子到九江陆家嘴探亲。因为战乱，第二年正月才到达杨岳斌驻军所在地。二月归时，一路看到杨岳斌指挥作战、攻城、焚船、夺垒之处，看到战争的残酷，一家人泪流满面。

1857 年（咸丰七年） 35 岁

正月，曾国藩亲自在吴城迎接和慰劳各军，上疏报告说，杨岳斌与李续宾、都兴阿等，积劳之后，屡胜之余，犹复日夕兢兢，夜不解带，军威严肃，士气朴诚，实为不可多得之劲旅。对他们予以高度评价。

二月，曾国藩父亲去世，丁忧离营。上疏请将外江内湖水师特派杨岳斌为总统领，以彭玉麟为副手。皇上嘉勉杨岳斌，命令他统带曾国藩一军，与彭玉麟协力督剿。

四月，太平军再侵犯蕲州的罗田，号称十万兵马。都兴阿等分军从陆路增援，杨岳斌派水师扼住蕲州要路。

五月，杨岳斌亲临现场布置作战。

六月，派都司胡友亮先绕广济搜寻内湖太平军水营，歼灭童司牌太平军营垒。

七月，蕲州水师屡获大胜。

八月，蕲州黄州太平军被肃清，杨岳斌率军会同陆军攻战小池口太平军占领的城池。

九月，攻克湖口。得谕旨：遇有提督缺出，由军机处题奏。

不久，借陆军攻拔小孤山，攻克彭泽及安徽望江、东流，直抵安庆。又攻克铜陵，至芜湖鲁港，与江南水师船队相会。朝廷下诏，嘉奖杨岳斌转战千里，用兵谋略，实有过人之处。不久，授福建陆路提督，饬专折奏事。

1858年（咸丰八年） 36岁

这几年，清朝在内战不断的情况下，又发生了第二次鸦片战争。1856年，英国借口广东水师在广州黄埔捕捉中国船“亚罗”号上的海盗，派兵进攻广州。法国借口法籍天主教神甫马赖在广西西林被杀，亦出兵入侵。1857年，英法组成联军，攻陷广州。其后，又决定集结军舰，北上天津。清朝廷正面临着京师门户天津的海防问题。

当时清政府还没有海军，要加强海防，就必须有海军和军舰。在什么都没有的情况下，湖南人郭嵩焘，于正月二十四日，向朝廷递交《请于天津添设战船并请责成杨载福派员经理片》，向朝廷隆重推荐杨岳斌。文中说：

> ……兼查湖北提督杨载福，统领水师最称精练，所用战船皆一手经理，工归核实，事无旁挠，故能工坚料实，而价亦从减省；其部下将领，多悉水战机要，于造船制器各事宜，均所谙练。可否饬令杨载福选派将领数人、造船委员一人，前赴天津，仿照湖北水师章程，如法估造，责成经理，足以扼海口之冲，而补陆军之不及。

但郭嵩焘的建议并没有引起重视。因为杨岳斌正在江南前线，抽不开身，清廷没有采纳郭的建议。

九江被太平军首领林启荣率部占踞达六年之久，守备甚固，官军屡攻不克。

三月，李续宾开挖地道爆破，太平军殊死堵拒，湘军士卒多伤亡，没有攻下。

四月，李续宾又在城东南开挖地道，约杨岳斌水师攻北门临江一带。爆破成功，城墙炸塌百余丈，湘军高呼登城。激战一天，擒获林启荣，斩杀。光复九江城，抓获斩杀太平军二万六千多名。其中逃出城的，尽被湘军水师追杀。战报报到京师，赏杨岳斌穿黄马褂，部下都有奖赏。上谕要杨岳斌等统领得胜之师，迅速东下。

当时江西太平军窜到湖南、湖北，杨岳斌上奏说：九江克复，我应立即会合都兴阿马步队伍急趋安庆，即刻派陆师以援剿麻城，肃清北岸为先。驻安徽官军防剿太湖、石牌各路，尤为紧要，必须等到楚境肃清，才能会合东下。查安庆上一百二十里之华阳镇，为江防要地，即率领炮船进驻其间，以为水师老营，不时出击，使安庆之贼不遑他顾。等到北岸肃清，再与马步队拔营前进。

五月，再次攻克东流，进屯黄石矶，连攻安庆，焚夺盐河船垒。

六月，督率水师船队越安庆，至李阳河，率副将王明山攻枞阳，尽焚港内太平军船只。派丁泗滨等攻大通，夺其石头营垒。杨岳斌自铜陵，经鲁港，直抵芜湖，审察形势，仍回黄石矶，分兵收复建德。

七月，调任福建水师提督。

九月，都兴阿陆军来会合，破集贤关。杨岳斌提前派水师船队绕入内湖，三面环击，牵制城内太平军，陆军攻破北门外多处营垒。池州太平军一万多，掠民船来救安庆。杨岳斌派陈金鳌、王明山大战枞阳，以遏制对方。

十月，李续宾在三河镇全军覆没，太平军谋犯楚境，官军暂解安庆之围。太平军四面出击，杨岳斌屡次击退他们。

十一月，分拨炮船沿着长江而上，扼住湖北的龙坪、武穴、田家镇。

这年，杨岳斌向朝廷上奏，请求将籍贯改为善化，得到朝廷的批准。

善化就是今湖南长沙的一部分。长沙历来为湖南的首善之区，宋哲宗元符元年(1098)，从长沙县划出县东南部部分地区置善化县，直至中华民国元年(1912)，善化县又并入长沙县。

杨岳斌改籍贯为善化，是根据父亲的要求而为之。父亲想到乾州偏远，音信难通，要杨岳斌改籍善化，让杨岳斌眷属随侍左右。同时，对儿女的成长教育也要好一些。

这年七月，女儿淑庄出生。

1859年（咸丰九年）37岁

太平军将领石达开率部进入湖南，围攻宝庆（今邵阳市），湖南、湖北震惊。湘军组织各路军马救援宝庆。杨岳斌与彭玉麟驻军黄石矶，分头抗击太平军。

杨岳斌在驻军黄石矶期间，收降了防守池州的太平军将领韦俊部队，并约定联合进攻芜湖。

十月初四日，杨岳斌派遣部下总兵李成谋、副将李朝斌、参将刘正隆等各率战船，千总李楚材率步兵二百，开赴池州会同攻守。

初七日，韦俊派部下头目古隆贤、赖文鸿、刘官方、黄汶金等率队去袭击芜湖。因为思想工作做得不细致，这四个将领在途中叛变。十月初九日，他们率领部队，杀了一个回马枪，反攻池州城。

杨岳斌知道情况后，指挥部队，会同韦俊，进行连续反击。击毙叛军众多，叛军开始退去。古、赖、刘、黄等叛军逃遁到青阳、铜陵等处，穷途末路，就地修整。不料，他们暗中串通太平军将领杨辅清，纠合两万多人，又来攻池州。韦俊投降后，淘汰遣散了一些老弱兵卒，实际守城的只有一万多人，粮草不足，城内人心不稳。彭玉麟于十一月十三日亲率三营奔赴池州，召集韦俊等大小头目开会，一边安抚，一边布置守城。安排妥当，于二十日回到黄石矶，与杨岳斌共商战事。

三十日戌时，韦俊正在城外指挥作战。突然，有奸细在东门打开城门，迎接太平军。太平军一拥而进入城内，众军开始巷战，死者数以千计。池州府城于当日陷落。韦俊收集残部，驻扎在泥湾，以备再战。

韦俊的投诚，是太平天国拜上帝教信仰的崩溃，开了太平天国高级将领投降清朝的先例。其后，李昭寿、薛之元、苗沛霖、程学启、“苏州八大将”等高级将领，也纷纷跟着效仿，投降了清军，给太平天国后期战局造成了巨大灾难。

1860年（咸丰十年）38岁

六月，安徽一带告急。杨岳斌感到湘军水师战线太长，上奏派遣江南水师将领李德麟、吴全美还守镇江，分别驻扎大通。当时徽州、宁国相继沦陷，湘军陆军自顾不暇。安庆虽被湘军合围，但陈玉成派太平军伺机攻占蕲州、黄州，企图绕到湘军后方，湘军不得不防。

曾国藩受命节制皖南军事，总兵周天受战死宁国，宁国的老百姓逃到南陵。南陵严重缺粮，形势十分危急。皖南镇总兵陈大富写血书向曾国藩求援。曾国藩派不出陆师部队救援，就令杨岳斌的水师去救急，计划救出南陵城中的军民，放弃该城不守。

杨岳斌接到任务，心想，孤军深入，一定很危险，必须想办法才行。于是，他想出一个声东击西的办法。

九月，下了一场秋雨，长江水涨。杨岳斌率领四营水师，扬言要进攻芜湖。

芜湖距南陵一百多里，太平军长期没有守备。当时太平军在南陵布置了军队，设置了战壕，修建了壁垒，截断了北边港口，企图将南陵军民困死于城中。

围攻南陵的太平军侦察到湘军水师开出，想到南陵不通船，湘军水师无法到来，一定会去攻打芜湖。于是，他们全部连夜奔赴芜湖，中了杨岳斌的调虎离山之计。

杨岳斌率部夜宿芜湖以南二十里的鲁港，半夜下令：“跟着我的船前进，抢先者斩！”命令两营屯军港口，他自己登上舢板，指挥掌舵人说：“去救南陵！”手下的将士们都很惊疑，紧跟着杨岳斌的船前进。

南陵港口附近有太平军屯兵三四处，没想到湘军突然杀到，大出意料，哪里敢抵抗，纷纷逃出，躲到城下的大营垒去了。太平军主力大半去芜湖了，湘军对着太平军营垒投掷各种火药，太平军无法作战，四处逃散。

杨岳斌走到南陵城门，叫兵士们敲门，大声呼喊陈大富：“今天奉令转移城中居民，赶快叫他们上船。”命令战船上军人都走出来，退到河堤上。让老弱病残先上船，青壮年后上，战船在后面保卫，杨岳斌的船殿后。半天内，他们便把老百姓都集中上船运走。

逃走的太平军跑到芜湖报信，太平军主力连忙赶回南陵。等到他们赶来，天已经快黑了。太平军高呼着来追，杨岳斌手持长矛，站在大堤上，严阵以待。太平军不敢前来交战。等到大船出港，芜湖的太平军水营也赶来了，正好遇到留防的湘西古丈人杨占鳌部队，两军相对峙，不敢轻举妄动。见湘军水师大船浮在港下，已做好充分准备，太平军只得退下。

这边，南陵的居民一万多人，分别坐船到黄石矶大营，搭起帐篷，安排饮食，留 25 日，才分别安置好。

杨岳斌继续督促围剿长江南北两岸的太平军各部，经历大小战役数十战，并随时派队攻城，以牵制其他太平军。因为这一带战事频繁，老百姓流离失所，无家可归。杨岳斌在东流设立难民局，先后遣送难民达 13 万多人。

这年，杨岳斌口舌生疮，肿痛不已，心神难安，危急万分。听闻鲍超屯营小池驿被太平军围困，心急如焚。他吸取李续宾三河镇全军覆没的教训，派部队运送粮饷枪炮加紧增援。待鲍超部队解围取胜，杨岳斌的病也好了。

1861 年（咸丰十一年） 39 岁

清军围攻安庆。

五月，韦俊联合清军进攻安庆的咽喉要地——枞阳。

枞阳是安庆的咽喉要道，是皖南、皖北军队调动必经之地，更是安庆东路主要粮道。

韦俊亲率一军进攻枞阳，截断了安庆东路补给线，给太平军英王陈玉成背后狠狠地捅了一刀。战后，韦俊被清政府封为参将，驻守安徽池州。

安庆之围，曾国荃派出上万人将安庆前后开挖渠道，引江水进来，使战船能开进来，让湘军陆军与水师互相依赖，共同对付太平军。太平军首领陈玉成视为心腹大患，于是在菱湖北屯军，以通集贤关，并架浮桥通城。

杨岳斌指挥水师攻破其大营，于是很快攻克安庆。又派总兵王明山、黄冀升攻克池州、桐城，被授予云骑尉世职。

八月，杨岳斌要求请假探亲，得到批准，回到老家乾州。

不久，石达开自广西北上，经过湖南西部，计划经湖北入川，建立四川根据地。一路攻占湘西泸溪浦市等重镇，直逼乾州厅。

乾州城危在旦夕，当地守军几乎没有什么作战经验。在这种情况下，地方官员绅士只得请沙场老将杨岳斌出山，指挥守城。杨岳斌不得已，只得拖着病体，勉强为之。他还组织筹办枪支弹药、炮械，自己私人捐养团练费用上千串。

杨岳斌在乾州城昼夜巡防，餐风宿露，没有片刻安宁。他始终带领军民，严阵以待，时刻准备与太平军作战。

太平军只是假道过境湘西，并不以攻城略地为目的。知道乾州城坚固无比，又有湘军大将杨岳斌指挥守城，很难攻下来，就从泸溪，经潭溪、河溪、镇溪（今吉首老城），绕道寨阳、矮寨，去了永绥（今花垣县）、保靖。

乾州城保住了，地方为杨岳斌请求奖励。杨岳斌继续休假养病。

1862 年（同治元年） 40 岁

正月，杨岳斌以母病未痊，旧伤复作，请求继续休假。上谕曰：见在水师分防池州等处，江面正须会合陆军，直捣金陵，歼除首逆，机会万不可失。水师虽有得力将领，必得该提督躬亲调度，方能动合机宜。该提督忠勇性成，朝廷正资倚畀。值此时事多艰，自当移孝作忠，力图挽救。即著迅速起程，前赴池州军营，与曾国藩剿办沿江一带贼匪，勿稍延缓。

三月，遵旨销假。

五月，会曾国藩于安庆，率水师船队东驻乌江，以策应上下游进攻防守。

六月初四日午时，三儿子杨滢仪出生，滢仪，又名滢义、正寅、熙春，字咏仙。

八月，根据曾国藩提议，以避同治皇帝（载淳）之讳，更名杨岳斌，取文武兼备之意。赴下游勘察，准备作战。因旧伤复发，退还乌江。

九月，闻金柱关形势紧急，率丁泗滨、彭楚汉等力疾赴援，在龙山桥大败太平军，歼敌一万多。

十一月，太平军侍王李世贤，由东坝再犯金柱关。杨岳斌率军苦战，以强大的攻势急战太平军，斩太平军首领陈绪宾，破护驾墩、石境等处太平军营垒。于是，金柱关、芜湖一带肃清，江宁大营后路始固。

1863 年（同治二年） 41 岁

二月，随曾国藩到天京前线大胜关、雨花台视察，并与曾国荃一同制定合围天京之策。

三月，攻克黄池，悉收内河、三里埂、伏龙桥、花津、护驾墩各关隘，打通宁国、芜湖一带交通。

此后，攻克巢县、含山、和州及江浦、浦口，破下关、草鞋夹、燕子矶，直趋九洑洲，力战攻克。自此，长江南北数千里无一太平军船只，都是湘军水师冒酷暑鏖战之功。

十月，攻克高淳、宁国府、建平、溧水，夺东坝要隘，湘军各部围困天京。

杨岳斌以水师防剿稍松，沥陈亲老病剧，恳请开缺回籍养亲。上谕说：杨岳斌督率水师，剿贼十年，战功懋著。此时长江肃清，虽水师防剿稍松，而金陵合围，正赖该提督等和衷努力，共奏肤功，同膺懋赏，未便于军务吃紧之时，遽易生手。著俟克复金陵后，再行请旨。惟念杨岳斌军旅羁身，伊父母年老多病，未能归省，著加恩赏，给人参四两，借资调摄。

1864年（同治三年） 42岁

太平军窜到江西及安徽徽宁一带。

四月，清廷命杨岳斌以提督督办江西、皖南军务，节制各路援军。

五月，补授陕甘总督，并特命可在平定太平军后再赴任。未到任以前，着都兴阿署理。

六月，天京城破后，赏一等轻车都尉世职，并加太子少保衔。

当月，杨岳斌到达南昌，查看军情后调水师五营布于赣江。

七月，遣诸将连克抚州五县崇仁、东乡、金溪、宜黄、南丰，并解宁都之围。

接着赶到赣州，连克泸溪、新城、雩都，先后收降十余万残余太平军，大获全胜，防境肃清。

九月，沥陈伤疾难支，亲老多病，恳请开缺。上谕说，杨岳斌统兵十余年，冲冒矢石，力疾苦战，伤病交作，且其父母年皆七十有余，原应俯如所请。惟甘省军情关系极为紧要，朝廷正资倚畀，自未便遽令回籍。著赏假一个月，在营赶紧医治，假满即赴新任，毋庸开缺。

杨岳斌上疏说，甘省逆回党羽众多，心志齐一，必得一二万得力之师方能挫其凶锋。惟旧部本属水师，并无陆队，此次来江剿匪，仅由金陵大营抽带千多人，势难远调。惟有亲赴湖南募勇，即舆疾南归，先遣得力营官认真招募精勇七八千人，即可趁此访医调治，就近省亲。至招募经费及制办军械等件，所需甚巨，拟于各近省设法筹拨，并请饬安肃道蒋凝学、署皖南镇总兵唐义训两军赴甘助剿。

朝廷表扬他勇于任事，所筹周妥，都听从他的安排。

十月，杨岳斌回到长沙，夫人和儿子侍奉。母亲在省城长沙就医，弟弟杨载寿侍奉。老父亲居住乾州，不能来长沙相见，杨岳斌也没有时间去探望，深感遗憾。同时，派员招兵，落实粮饷，没有片刻时间调理伤病。

1865 年（同治四年） 43 岁

二月，率总兵彭楚汉等新募十营奔赴陕甘。于湖北安陆道中接旨催促带亲兵先赴兰州。

四月，到达西安。河西乱军溃败，东窜。杨岳斌与陕西巡抚刘蓉筹谋堵剿，策议打通东南饷道，催提江楚一带协饷。

当时科尔沁亲王僧格林沁曹州阵亡，捻军气焰嚣张。朝廷有旨令杨岳斌移师向东，保卫京城一带。杨岳斌上疏，请求开缺，专任剿匪。朝廷不同意。

五月，继续赴甘肃。

六月，履行陕甘总督职责。

杨岳斌上疏陈述陕甘形势，得到朝廷肯定。

当时，朝廷以关外匪患不断，命令西安将军都兴阿、宁夏将军穆图善等军，等到杨岳斌抵甘后，即令酌量出关。

七月，杨岳斌上奏，请求都兴阿、穆图善等先清关内，暂缓出关。当月，靖远香贾丁建善谋反，杨岳斌指挥彭楚汉平定。

八月，上疏陈诉兵力不足，粮饷供应不上等情况，请求解决。

九月，雷正绾部兵变，杨岳斌上疏请求四川总督骆秉章迅速调集建昌镇总兵周达武一军，自带饷银，赴甘助剿。当月，巩昌、宁远被叛军围困。杨岳斌调曹克忠援剿，一战解围。

十一月，攻占熟阳城叛军营垒及董家堡鸳鸯镇。

十二月，上奏反映陕甘局势，请求支援。

1866 年（同治五年） 44 岁

正月，督师出省。

二月，开赴泾州，抓住雷正绾营倡乱的总兵雷恒等，就地镇压。上奏免雷正绾罪，令立功自赎。

三月，趁杨岳斌带兵外出镇反之际，省标发生兵变。乱兵抢劫总督署，杀总督府幕友、委员、亲兵，胁迫布政使林之望，以杨岳斌重勇轻兵，积愤所致上奏。杨岳斌当时已抵庆阳，接到警报，赶紧回泾州。朝廷以杨岳斌未能防范，降二级留任，命速赴兰州，力顾大局。当时回民趁机作乱，包围省城，东路隆德失守，庄浪被围。杨岳斌上奏派遣曹克忠带巩昌之兵先驰入省会，进行保卫。

五月，布置东路防剿各兵营，单骑驰赴巩昌，安抚部众。筹粮救济省会及曹克忠部队，宽其后顾之虑，保秦州等完善地，以便保护南路饷道。不久，标兵得到安抚。杨岳斌回省，杀煽动动乱首领一百多人，其余不再追究。

至此，杨岳斌精疲力竭，呕血不止，旧伤复发，两次请求开缺。

六月，在泾州拆阅布政使林之望折报，自请议处。部议降五级调用。慈禧加恩，改革职留任，并改为三品顶戴。

七月，杨岳斌上疏，声泪俱下反映陕甘缺粮、缺饷、缺兵马、缺武器、缺后勤保障的实际，以及自己的病情，条理清晰，情真意切。

疏入，杨岳斌获准开缺。调左宗棠为陕甘总督，命令杨岳斌等左宗棠到任，再办理交接手续。

当时，陕西的叛军窜入甘肃，蔓延在清水、秦安一带。杨岳斌觉得，秦州是比较好的地方，怕叛军攻占。并且，这是甘肃省转输粮饷的要道，就这一条重要的通道，一定要保证通畅。因此，布置甘肃防务，带领部队驻守秦安的陇城镇，调度各军，对叛军分股截剿。使叛军不能得逞。

八月，狄河的叛军，偷袭巩昌，防军失利，巩昌城被陷。杨岳斌飞檄总兵傅先宗，命令他带兵救援，当天就攻克，斩获很多。当时曹克忠因病在西安就医，杨岳斌亲自指挥，往来督战。

九月，兰州一带粮饷告急。杨岳斌将南路平定，疾驰回到省城，筹集粮饷，应付危局。

十月，横河、川塬叛军被追剿逃窜，攻入平凉府城。在杨岳斌指挥下，第二天就收复。此后，西路各军攻下裴家营、镇虏堡等叛军老巢，对群众就地安抚，平番、古浪一带驿路畅通，东路亦捷报频传，攻破横河、川塬叛军老巢。

十二月，杨岳斌病情加剧，左胁下长一个大脓包，粗如碗大，疼痛难忍，饮食难进，请求休假一个月。

这年，长子杨正仪 22 岁，入善化县学。

1867 年（同治六年） 45 岁

正月，杨岳斌再次上疏，陈述病状，请派将军穆图善就近赴甘肃，代替他的工作。

二月，得到朝廷同意。上谕曰："杨岳斌奏病势甚笃，请派员暂署督篆，并恳回籍调理各折片。情词恳切，览奏具悉，若再勉强挽留，朝廷亦有所不忍。惟穆图善剿办东南回匪，并安抚已降之众，在在均关紧要，一时能否遽赴省垣，尚须斟酌情形，悉心筹办，不致顾此失彼，方为妥善。杨岳斌俟穆图善到省接署督篆后，将一切情形详悉告知，再议起程，毋得遽行回籍，致误公事。"

四月十三日，宁夏将军穆图善来到兰州，署理陕甘总督，杨岳斌办理完交接后，带领随从，离开甘肃，取道陕西、四川，沿途一边行走，一边治病，于六月回原籍湖南乾州厅。

当时，其父母身体尚好，杨岳斌得以安心调理。休养之余，雅爱兰竹，取其居名"问竹轩"，并刻匾悬挂。

同年，捐资整修乾州文庙。

文庙是一个地方的孔庙，也即学宫。乾州古城内，有一座文庙，始建于清雍正七年至十一年（1729—1733），乾隆六十年（1795）焚于兵燹，唯崇圣祠留存。1801 年重建，后于 1810、1836、1846 年又相继扩建和修葺，文庙楼阁日臻完善，成为一方神圣的学宫。

可是由于这些年多战乱，年久失修，文庙已经变得破败不堪。杨岳斌回到乾州后，决定组织募捐，进行维修。他带头捐款，在他的带领下，地方乡绅、社会贤达纷纷解囊，很快筹集了一批资金，对文庙进行修缮。

恰逢岁荒，他派人从长沙、常德一带先后运谷米万担接济老百姓，自己赔付数千元。

1868 年（同治七年） 46 岁

居住乾州，调理身体。因身体虚弱，尚未复原。

1869 年（同治八年） 47 岁

捐修乾州立诚书院，捐经史子集及《佩文韵府》文章诗赋等书立案。

1870 年（同治九年） 48 岁

赴省城就医，爱安静，居住于长沙东乡六十里敖家湾。

1871 年（同治十年） 49 岁

身体恢复较好，儿子正仪赴京城参加科考。

1872 年（同治十一年） 50 岁

儿子正仪奉命前往甘肃接办杨岳斌督任内的报销，逐次结清。

1873 年（同治十二年） 51 岁

儿子奉圣旨查询病体，以未愈正在治疗呈请湖南巡抚王文韶代奏。

1874 年（同治十三年） 52 岁

朝廷命杨岳斌进京入觐。因母亲病重，杨岳斌未能遵旨赴京。

儿子正仪由部曹改道分发云南，回乾州省亲。

十二月初五，同治帝驾崩。

1875 年（光绪元年） 53 岁

光绪元年正月，杨岳斌来到京城，请求叩谒同治皇帝梓宫，得到批准。其后，仍恳求回籍养亲。

当时，清廷鉴于长江水师日益颓废疲玩，重新起用杨岳斌。利用他对水师的熟悉和往日威名，以图涤荡军纪，再塑强师。

三月，接上谕："杨岳斌奏《恳请仍准回籍养亲》一折。杨岳斌著前赴长江一带，每年与彭玉麟往来巡阅，将各营水师认真整顿，并准其会衔奏事。应需办公经费，著两江、湖广各总督筹款，奏明拨交应用。该前督于巡阅之余，随时回籍省亲，仍可借修子职。"

接到上谕后，杨岳斌上折，"会同臣彭玉麟，将水师事宜认真整顿，断不敢有名无实，亦不敢因私废公"。

四月初八日，他先到天津，与直隶总督李鸿章商办江防与海防事宜。一起到机器各局，参观各种军械制造。看到所制造的武器多而精良，感到高兴。

又到大沽新城察看，只见炮台布置，星罗棋布，有很强的防卫能力。

在这里，他见到了老乡乾州人罗荣光，时任大沽炮台副将。罗荣光亲自演练，炮弹可以打到八里之远，还能命中目标。又试射水雷，速度极快，锐不可当。

其后，从天津运河乘船南下，一路巡阅。于六月十四日抵达江宁省城，与两江总督刘坤一会晤，将江海防务反复筹划，力求落实。然后，就到长江一带巡视。

在奉旨巡阅长江水师过程中，杨岳斌认真整顿江防，结合实际，采取了整顿军纪、慎选将才，革除江防弊端的一系列行动和举措。

正是在杨岳斌和彭玉麟的认真努力之下，长江水师官兵素质明显提高，军队战斗力大大加强，军队风气也为之一新。

1876 年（光绪二年） 54 岁

继续巡阅长江。

二月，自长沙下巡。冬天，开始奏报上年巡长江图。

赐剿平粤匪、捻匪方略各一部。

九月，女儿淑庄 18 岁，出阁。

1877年（光绪三年） 55岁

巡阅后，受命绘制《长江江防全图》。最终将“长江水师四镇二十二营及内海水师三镇五营，详细分绘图三十幅，仍加总图一幅冠首”。

《长江江防全图》详细绘制完成，受到清廷高度赞誉：“长江地方要紧，该前督巡查一切，悉臻周妥，洵堪嘉尚。所绘图幅详明，尤见实心办事。著随时周历，以副委任。图留览。”

1878年（光绪四年） 56岁

父病，奏请开去巡阅差使。得旨：暂缓巡阅。

四月，收到皇上赏赐其父亲前直隶独石口副将杨秀贵的御书“教忠裕后”匾额一方。

这一年，山西、直隶、河南、陕西等省出现重大灾情，他遵父母命，捐款5000银两，进行赈灾，受到朝廷嘉奖。

这年，三儿子澘仪16岁，娶媳妇龙氏。

1879年（光绪五年） 57岁

父亲卧病在床，难以治愈，母亲又旧病复发，因此，再次请求开缺。他在三月十二日上折中说：“惟是臣父之病势极缠绵，忽轻忽重，百方调治，讫无灵效，辗转床褥，又经五月有余，饮食精神百不如昔，呻吟朝夕苦不忍闻。兼之臣母素有失红之症……今自入春以来，发而难治，服药无效，亦呻吟床箦间一月有奇，饮食甚微，精神渐短。”清廷同意他在籍养亲。

五月，弟弟杨载寿因病去世，享年54岁。

八月，老父亲杨秀贵病逝，享年87岁。

遵父亲遗嘱，将父亲葬于乾州砂子坳上面的坪山坡。请人为父亲修建坟墓，打造墓碑，并修建“孝服堂”，作为守制看守坟墓的居所。

1880年（光绪六年）58岁

呈请湖南巡抚，奏建楚军水师昭忠祠，列入祀典。

六月，上《遵旨保荐人才折》，为朝廷推荐文武一批人才。

为父亲修建坟墓，十二月修造完工。

1881年（光绪七年）59岁

在乾州休养，为父亲守制。

父亲坟墓建好后，购买坟墓后山来脉荒山等。

呈请湖南巡抚李明成据实情代奏，恳请恩准其侍养母病。

长子正仪奉命另立水师昭忠祠于长沙校场侧面，每年七月建盂兰会，私祭十日，因为祠中多当年义士烈人，按规定不能向上级呈报。

1882年（光绪八年）60岁

筹款建杨氏义仓、义学、义地，议定章程，于乾州厅立案，希望久远存续。

正仪奉命筹款，为湘西乾州、凤凰、永绥、保靖请求增加乡试名额，部议照行。

1883年（光绪九年）61岁

建成乾州杨氏宗祠。

他派族人在乾州古城旁边买了3亩多地，准备修建宗祠。经过近两年的施工，一座崭新的杨氏宗祠拔地而起，以其设计新颖实用、建筑工艺精美和地方民族特色浓郁而吸引大众的目光，成为当地建筑的新坐标。

新建的宗祠为穿斗抬梁砖木马蹄墙式大四合院结构，台基为长方形二级台阶，总面阔35m，总进深40m。

宗祠建成后，将凤凰厅红树坡一支、永绥厅茶峒一支、吉洞坪一支杨氏合成一个宗祠。举办祭祀仪式，建立规章制度。刻《陆宣公集》《示儿编》《涕泣言》三种，用于家族学习，复刊《古文辞类纂》《唐氏蒙求》等书，作为义馆中的教材。商议建立乾州厅总节孝祠及祭祀事宜，筹集每年维修祭祀费用。

长子正仪奉命建楚军水师昭忠祠于长沙，终于建成，除筹集的款项外，自己捐助银两 3000 两。

法国侵略中国东南，沿海戒严。十二月，诏令会办福建海防事宜。

1884 年（光绪十年） 62 岁

正月，岳斌以母老病重推辞。朝廷要他等母亲病情稍好，再遵前旨赴闽。

七月，上谕湖广总督卞宝第曰：战局已开，军情万紧，杨岳斌深谙兵机，当移孝作忠，力图报称。著传知克日募勇成军，出膺重任。杨岳斌于是再出视师。

九月，命迅速往江南帮办军务，与曾国荃随时会筹战守。不久，上谕说，法兵见占基隆，台北府城万紧。著派杨岳斌帮办左宗棠军务，迅赴福建，驻扎漳、泉一带，联络绅勇，设计渡台，速图逐法之策。杨岳斌上疏报告募勇成军，并请在长沙添募，合成三十营。朝廷不许，命令即将所选十二营迅速赴援。

十月，面对法国的侵略，杨岳斌在赴台之前，除了筹兵集饷，还向清廷陈述了自己关于国家长远防务的建议。在十月份的《恭报长沙起程日期并摅管见折》中，详细地表述了自己的设想，内容列为“五事”：

一、精练京外制兵，分扼险要。

二、团练沿海民兵，合力防卫。

三、预筹屯粮，以充军实。

四、重防陆地，以出奇制胜。

五、迁移机器局，以免疏失。

朝廷觉得他提得很好，予以肯定。

当月，正逢慈禧太后五旬万寿，皇上以杨岳斌奉诏治军，不能侍奉母亲，赏伊母御书“教忠衍庆”匾额一方，大缎二匹。后又加赏紫檀三镶玉如意一柄，大卷红绸袍褂料二匹。

十二月，率军到达泉州。当时，法兵以轮船封锁海面，控制我渡台海道。

1885 年（光绪十一年） 63 岁

正月十八日（1885 年 3 月 4 日），杨岳斌带领卫队亲兵一百余名，及长子杨正仪、知县夏敬仪、千总王光庭、外委姚兴廉、廪生许孝虞、文童周敬德、军功董卿云等，均扮作渔人，雇佣“长胜”轮，由泉州秀涂口乘晚出发，夜渡前往台湾。

船行二百余里，将至午夜，突然，海面狂风大作，波涛汹涌。小小渔船在海面上颠簸、飘摇，随时都有翻覆的危险。船长凭着老练，决定驾船返回金门山，再换大一点的轮船前行。

第二天，他们换“平安”轮前行。

此时，因法国军舰对台湾海峡的严密封锁，“海禁正严，防务万紧，法人以十余号兵轮，沿台湾全岛日夜窥伺逡巡，枪炮声远近相闻，往来商艇民船被炮弹击沉者甚多，海道阻塞，久已不通”，任何船只均无法正常横渡进入台湾西岸港口。“平安”轮只能避开澎湖岛，先行南下迂回，经台湾岛最南端的鹅銮鼻，再沿台湾东海岸北上，历时三天三夜，终于一月二十一日（3 月 7 日）到达台湾东海岸的埤南厅。

在埤南稍作休息，杨岳斌于二十四日率队启程，穿过高山土著民族生活区，经恒春（今屏东县恒春镇）、凤山（今高雄市凤山区），沿途接见文武官绅，访察地利民情。

二月初三（3 月 19 日），杨岳斌一行抵达台湾府。先看了安平炮台，得知炮台经历年苦心建造，惨淡经营。其间，“周历海口，市民欢跃”，极大地鼓舞了台湾人民抗击法军的信心。

其后，驻军台湾，筹布台南防务，联络绅民，数日间集团勇一万多人，整天操演，积极备战。又抵淡水，与巡抚刘铭传所部进薄基隆，互相犄角。法军久不得逞，只得和谈。

八月，杨岳斌交接好台湾的防务，率部队返回。返程的路线是，由福建、上海乘船直达汉口；换雇民船，坐到常德；再由常德，到辰州（沅陵），然后分别遣散。杨岳斌请求回乾州养老，被批准。

十一月，回到乾州，一家人团聚。

1886 年（光绪十二年） 64 岁

长子正仪以保荐北上召见，以道员记名仍发往福建。次子懋仪回避改省江苏以道员补用。

紫光阁图像录其长江战功最著者数处。

1887 年（光绪十三年） 65 岁

正月，因母亲病重，杨岳斌夫妇侍奉母亲到长沙治病。

三月十日，母亲病逝，终年 87 岁。考虑到扶老母亲的灵柩回乾州路途遥远，而他们一家已经入籍善化，所以决定在善化附近购买坟地，将母亲下葬。

冬月，将母亲安葬于长沙浏阳门外六十余里的禾冲。

这年正月，长媳韩氏于福建去世，四孙道潜扶榇先归，正仪率诸孙女后至，随即安排修建墓穴事宜。

1888 年（光绪十四年） 66 岁

母亲去世后，杨岳斌有感于自己年岁大了，开始在望城修建自己的庐墓。因感恩乡里老百姓的好处，不久，捐资于当地设立一所义学。

五月，正仪续娶山阴王氏，办理营务局差。每以作官莫做生、莫收礼、莫演戏、莫荐人四事为箴规，谓积德当从不占人便宜做起，立名当从不高自位置做起，慎言当从不议人过失做起，敏行当从不私宽恕做起，斯可以为人，斯可以为子。

1889 年（光绪十五年） 67 岁

呈请代奏，请求在籍养病。

六月，溍仪入学勉以进德修业。

八月，返回乾州时对妻子说，我衰老不能享子孙福，请善自保重。媳妇胡氏、王氏等反复劝导，以整齐严肃为先。送女淑庄归南京，徘徊马厂河畔，诫以和顺恭敬守之终身，说完泣别。

九月，到乾州谒修祖墓。在城里以杨氏宗祠为起居地。在乡下，以父亲墓地坪山坡为依归，妻子与儿女媳妇均要求他到省城居住，或住乾州家宅，方可以安养。

开设义仓，拯救灾民。从前，湘西地方，不是丰收之年，一般都有春荒和夏荒。为了解决春荒和夏荒，杨岳斌开设义仓，经常用自己的俸禄和家庭积蓄救济乡民。他在坪山坡普济寺修建有专门义仓。每逢灾年灾月，都开仓施粥，让乡民渡过难关。

1890 年（光绪十六年） 68 岁

杨岳斌经常对儿女们说，无论居住长沙、乾州，必依靠父母左右，身有主而心亦安。他告诫儿女、诸媳、列孙，各执其事，各敬其事，勿以我为。我与尔母年将七十，亦难再为尔辈远课也。

自正月至六月，频寄手谕给儿女，并附旧作及所临书谱阅帖。儿女们写信问他的身体状况，均以步履饮食强健回答。

五月，从冲角营拜扫列祖妣考和审验义学归坪山坡后，以万言书寄训正仪与媳王氏、孙道潜，教育他们为官为民的道理。

六月十五日，到父亲墓前进香过后，足软站不起来。二十五日，心口郁结。二十六日，头晕气不匀。二十七日，神昏痰壅，呼侄树仪进粥扶卧，于巳时去世，遗折奏。

儿子正仪率媳与孙同归长沙，会同懋仪、溍仪等共赴乾州，操办丧事。

其灵柩经过泸溪、沅陵、桃源、常德、益阳、沅江，进入洞庭湖，再进入湘江，于九月十九日扶至长沙河下，十九日入城，择吉于第二年三月二十日下葬善化县河西乡白箬铺西五里墩莲花塘的月形山。

墓地按照清朝的形制，分碑亭、墓庐、墓冢几个部分。在长沙至宁乡的古驿道北侧，建有御碑亭。往前约500米，在月形山的中部偏东南方向，建有一幢墓庐。墓庐坐东朝西，青砖砌成，北端有一石门。进入石门，是院内天井。天井内有一神道碑，背东向西，高2.8米，宽1.2米。正面石刻阴文“皇清诰授光禄大夫太子太保陕甘总督世袭一等轻车都尉杨勇悫公神道碑铭”。

墓庐北偏西约200米，是杨岳斌墓。墓前设有拜祭坪，两旁石牛、石马、武将、文臣各二。石刻雕凿精细，线条流畅。墓后立青石墓碑，中间的主墓碑上镌刻“杨勇悫公之墓”。

附录二

杨岳斌在吉首的四处宅第

一、曙光村故居

在现吉首市石家冲街道下辖的曙光村，有一处杨岳斌故居。

这里旧名叫冲角营，因明末清初在这里设置兵营而得名。

这是一个群山环抱的盆地。峒河从上游一路奔来，到了这里，冲刷出一个面积不小的盆地。盆地被开垦出一大片良田，养育着这方百姓。

在峒河下游的出口处，有一座巨大的石山，状如一头狮子蹲在那里，守护着这方水土。在狮子山上，建有一座寺庙，名叫“宝狮寺”。里面亭台楼阁，梵音袅袅，成为附近有名的建筑和佛教圣地。但当地老百姓，却习惯称这一带为狮子庵。

据当地老人传说，这座狮子山是把守水口的。这个地方有狮子把门，在中国传统的风水学上，是要出大人物的“风水宝地”。但历史以来，这里的老百姓靠辛勤耕耘，也仅能养家糊口，并没有出现什么“大人物”。

时间到了清道光二年（1822）农历十一月初九日半夜时分，冲角营附近的一所老百姓房子里，诞生了一个男孩，那就是后来大名鼎鼎的湘军水师大将、曾任陕甘总督的杨岳斌。他也是湘西土家族苗族自治州和吉首市历史以来有文字记载的职务最高的人物。

据清同治三年（1864）宏农堂辑修的《杨氏族谱》记载，杨氏始迁祖杨明禹，“康熙时由宝庆府东关桥杨谷脑迁居乾州厅冲角营”，从此定居下来，繁衍生息。

在吉首市，一直有一种传说，杨家祖先最早是迁居到坪年村的，直到杨岳斌父亲杨秀贵升官发财后，才举家搬迁到寨阳乡的冲角营定居。

坪年村是一个十分偏僻的地方，靠近有名的矮寨，现属矮寨镇管辖。一条发源于吕洞山的恰比河从那里穿过，沿河有良田数百亩，是一个十分安静宜居的地方。只是旧时这里交通极不方便，人们只能沿着恰比河，弯弯曲曲行走，才能到达冲角营，进入乾州厅。

按说，杨岳斌祖籍是湖南宝庆府，宝庆府管辖的地方就是现在的湖南邵阳市和娄底市所辖部分地域，府城就是今邵阳市。相对于当时的湘西乾州厅来说，宝庆府是一个人多、热闹而繁华的地方。杨家从宝庆府迁到乾州厅，一定会选择离城市比较近的地方。而狮子庵一带，紧靠峒河，有山有水，有良田大片，正是乾州厅郊区最好的地方之一。因此，杨家的先祖选择到这里。这也印证了《杨氏族谱》的记载。

至于后来随着杨家的发展，他们的后裔迁徙到坪年村，买下土地并定居下来，完全是可能的。

这里是杨岳斌的诞生地，也是他成长的地方。其故居位于盆地中一座小山下面，后山高耸，似一条长龙，蜿蜒起伏，歇伏于此。房子的左后边是一座高山，高高耸立，山顶呈官帽状，俗称“官帽山”。房子的右后边，有一座尖山，似一件尖利兵器，直刺天空。房子前面地势开阔，可看到远处的狮子山。屋前有一土台，远有朝案重重，又有狮子把守水口，呈现出很好的风水格局。

该处房子始建于何时，已经无法考证。但该房子的扩建，是在清同治六年（1867）之后。那一年，杨岳斌从陕甘总督任上开缺回籍，赋闲在家，见冲角营老家的房子年久失修，比较破旧了，所以决定整修一下。

原来的房子不大，就是一排木房子，右前修有槽门，左边配有厢房。杨岳斌常年不在家，一家人挤一点，倒也能住下来。

这些年，杨岳斌又添了一个儿子和一个女儿。他一回来，觉得房子太拥挤了。于是在正屋的后面，又修了一排青砖房子。家族的人要他修高大气派的木房子，建吊脚楼。杨岳斌觉得，父母住的正屋并不高大，自己在正屋后面修房子，绝对不能太高，以免压住前面的屋。他觉得青砖房子好住。他在江浙、安徽一带打仗，看徽派建筑比较好，就按徽派建筑修了一栋房子，里面是青砖结构，两边建封火墙，看上去朴素大方。新修的房子自己一家人住，而让父母住前栋，以免儿女们吵闹老人。

房子修好后，又将原槽门整修一番，扩建了庭院，周围修建了院墙。为了节约开支，前面的围墙是青砖砌的，上面盖青瓦。与后面房子的封火墙一搭配，显得很协调。后面的围墙是用泥土夯成的，上面盖树皮和稻草。家族有人对他说，您这样搞，显得太寒碜了，太没面子了，与您的身份不符。杨岳斌却说，要什么面子？自己住的，住得踏实安心就好。

整个房子改造，花钱并不多，但看起来清爽舒适多了。房子坐北朝南，后有一小山为依靠，左旁是峒河，左右山体呈环抱走势，正前面对着狮子庵方向，视野十分开阔，山水秀丽，环境幽雅，这是杨岳斌最喜欢的。

在新修的后栋神龛上，为了教育儿女，杨岳斌特意书写了一副对联，上联为“欲光宗祖须为善”，下联为“要好儿孙必读书”，横批为“清白传家”。杨岳斌请人刻成木匾，挂在神龛两边。那刻字师父雕刻精细，看上去，字体十分厚重，显得刚劲有力。

该房子一直保存比较完好。直到前些年，居住在里面的杨氏后裔将后栋拆除，修建了一幢两层楼的砖混结构住宅，才将原来的格局改变。但前栋木房子一直保存着。

乾州杨岳斌故居内景

二、乾州老街“宫少保第”

清道光二十年（1840），杨岳斌的父亲杨秀贵迁长沙抚标当都司后，家境好转，便在乾州厅老街买下一栋旧房。该房子稍加修复，署名“鹤园”，只作孩子读书时使用，一家人仍住在冲角营乡下。

该房子的重建，有两种说法。一种说法是，咸丰二年（1852），杨岳斌父亲杨秀贵在此重建府第；一种说法是，同治六年（1867），杨在陕甘总督任上被谪贬，告病回籍后，花钱修复的。

还有另一种说法，说杨岳斌曾经的部下，湘军名将鲍超，有感于杨岳斌的清廉，怕他回原籍后没有好的住宅，特意花钱买下这房子，赠送老上级的。当然，这种说法仅仅是传说，不足为凭。

杨岳斌回籍休养后，因为乾州房子年久失修，已经破败不堪。屋顶漏雨，外墙被雨水浸湿，有些地方已经长草，墙面斑驳，水渍重重。与周边房子相比，简直不堪入目。因此，杨岳斌决定重新修建。

老房子占地近1000平方米，拆除下来后，显得比较宽敞。杨岳斌请人简单设计。临街道为马头墙式三进三院的封火院子，后为花园式庭院，中间建歇山叠楼一栋，四处设置花木、翠竹、山石等。

第一进为“一明两次”硬山式平房，明间簇歇山顶小叠楼；第二进为硬山顶叠楼三间，左右设夹壁屯仓和厢房，中间为天井；第三进是硬山顶平房三间，前后各有天井和厢房；后院为花园式庭院，且配置以花木、翠竹和山石。

整个建筑共有正屋2栋4间，厢房6栋6间，倒座1栋3间，后堂1栋3间，共计9栋13间，建筑面积569平方米。

杨岳斌新修建的房子，在湘军将领中，算是面积很小的，但格局相对考究，建筑工艺精湛，既显得高雅大方，也具有地方民族特色。两边围墙上的“福”“寿”大字很有气势，显得不同凡响。在乾州古城内，算是别具一格。

乾州杨岳斌故居又名“宫少保第”，2011年公布为湖南省第九批文物保护单位。

三、坪山坡“孝服堂”

光绪五年（1879）八月，杨岳斌的父亲杨秀贵在乾州病逝，享年87岁。

杨岳斌父亲在世时，相信风水，请来有名的风水堪舆大师，为他挑选一块风水宝地。结果在所里砂子坳上面的坪山坡相中一块好地，购买下来。

这是一块虎形地，整个山形似一只猛虎，做腾跃状。墓穴正位于老虎屁股位置。前面是一片开阔的田园，明堂宽广，在山中少见。正前朝案为一排山头，叫鱼梁岩，呈笔架状罗列。左边青龙方为枞树脑，大山高耸，环抱有情。右边白虎方为金龙山，似两头狮子会聚，整个山水构成很好的风水格局。

杨岳斌遵父亲的遗嘱，要将父亲葬于这个地方。但根据风水禁忌，这年这个方位山头不开，不能下葬，只能“偷葬”，直到第二年（1880）三月九日午时，正式下葬，定向为酉山卯向。

接着，杨岳斌请人为父亲修建坟墓，打造墓碑，于这年十二月修造完工。

为了给父亲守制，杨岳斌在墓葬下方不远处修建一幢建筑，名“孝服堂”。主屋为木架结构，一式三间，间墙用竹篾编织，两边糊上石灰白墙。两端建有偏房，左边为厨房，右边为茅房。前有庭院，右前建有土墙门楼。房子不大，但在山中，还算舒适。

杨岳斌在这里守制，一住三年。后招来族弟杨载坤一家来此居住，长期守墓，并买下一些田产，作为守墓人每年的粮食和经济收入。

杨岳斌退役后，也经常住在这里。光绪十六年（1890）六月二十七日，杨岳斌在这里逝世，享年69岁。

杨岳斌逝世后，其灵柩也暂时停放在这里，后运往善化县。第二年（1891）三月，于河西乡白箬铺西五里墩莲花塘之月形山下葬。

四、“九福堂”杨氏宗祠

九福堂是杨岳斌光复台湾后，于清光绪十一年（1885）荣归故里后所修建。

杨岳斌父亲在世时，多次提起，他们杨家自从清康熙年间从宝庆府东关桥杨谷脑迁居到乾州厅来，已接近200年，到杨岳斌时，已经有六代。原来带过来的族谱，在战火中遗失。好在前些年，杨岳斌出资重新修了《杨氏族谱》，并请曾国藩作序，算是办成一桩大事。但搬迁而来的杨家，至今已发展到数百人，就是没有一个杨氏宗祠。如今杨岳斌算是发达了，修建宗祠的重任，自然而然落到他肩上。

杨岳斌派族人在乾州古城旁边买了3亩多地，准备修建宗祠。同时，请人规划设计。考虑到杨氏族人不是很多，也考虑到自己的财力，决定只修建一半面积，其余作为空地或以后做其他用场。

经过近两年的施工，一座崭新的杨氏宗祠拔地而起，以其设计新颖实用、建筑工艺精美和地方民族特色浓郁而吸引大众的目光，成为当地建筑的新坐标。

新建的宗祠为穿斗抬梁砖木马蹄墙式大四合院结构，台基为长方形二级台阶，总面阔35m，总进深40m。

第一进为戟门三间，叠楼二层，后接前院天井。

第二进为正堂，上五级台阶便是细钻雕琢的岩门，横楣阴刻“九福堂”三个大字。两侧马蹄山墙，翘首，脊线饰图案绘彩。正为大四合院，中有天井，左右为回廊，吊脚挑檐。前后穿斗抬梁式建筑，坨峰皆用厚木材双面雕刻花鸟虫鱼、神话传说等浮雕，技艺精湛，栩栩如生，是典型的湘西传统雕刻工艺。檩、椽之下另加天花望板，可以防尘防漏。

九福堂是湘西乾州祠庙建筑的典范，是典型的地方民族传统木构建筑，精雕细刻，古朴典雅。深邃宏伟的封火庭院，结构紧凑，功能齐全，布局合理，戟门、戏楼、山墙和重檐翘角具有地方建筑特点，是集祭祖、议事、读书、娱乐于一体的综合性场所。

九福堂也是封建宗法族权的缩影。它的建筑造型及内部结构，主要是从维护封建宗法族权的角度进行设计的。气势雄伟的戟门，凌空飞翘的山墙，闭合一统的庭院，森严的神主堂，无不显示宗法族权的威严。

为什么叫做“九福堂”呢?

杨岳斌一生战功赫赫，每一次大的立功受奖，当朝皇上除了奖励他物资以外，都要赐他一个“福”字，这样，积累下来，共有九个“福”字。“九”既代表多数，也是数字中最大的数，所以就叫“九福堂”。

宗祠修好，杨岳斌安排将宗祠内好好陈列布置起来。

一进大门，倒座挂有御赐牌匾“教忠裕后”，后墙壁上挂有御赐九个“福”字、黄马褂等，两侧置“回避”“肃静”，堪称肃穆、威严。

大厅内，还挂有曾国藩赠的“笃亲锡祜”匾，以及杨岳斌的好友及乾州地方官员等赠送的许多牌匾，显得气派大方。

大厅尽头，有一个戏台。戏台前是天井，每次唱戏时，天井和两边围廊三面可以坐人，贵客们则可以坐在楼上主厅和两边“走马楼”上看戏，视野很好，感觉十分舒适。

每逢宗祠有重大活动，杨岳斌便歇息在这里。该宗祠一直保存完好。前些年，在这里办成“九福堂苗族博物馆”，进行一些展出，影响广泛。2011 年，九福堂已公布为湖南省第九批文物保护单位。

附录三

杨岳斌父亲杨秀贵墓

杨秀贵墓位于湘西土家族苗族自治州吉首市镇溪街道办事处上坡村东南。这里，小地名叫坪山坡，是山中的一个盆地。周围秀峰高耸，将一片田园包围在中央。田园内，阡陌交通，溪流潺潺。周边是老百姓民居，屋舍俨然，鸡犬之声相闻，有似一片世外桃源。

据传，杨岳斌父亲杨秀贵在世时，相信风水，请来有名的风水堪舆大师，在乾州附近，四处奔走，为他挑选一块风水宝地。结果，在所里砂子坳上面的坪山坡相中一块好地，购买下来。

这是一块虎形地，整个山形似一只猛虎，做腾跃状。穴位正位于老虎屁股位置。站在墓穴位置看，前面是一片开阔的田园，明堂宽广，为湘西山中少见。正前朝案山叫鱼梁岩，为一排山头，呈笔架状罗列。左边青龙方为枞树脑，大山高耸，环抱有情。右边白虎方为金龙山，似两头狮子会聚，整个山水构成很好的风水格局。

查杨秀贵生平，据《清史稿》载："杨岳斌……祖胜德，乾隆末，从剿苗，战殁永绥。父秀贵，以荫官至直隶独石口副将。"又据同治三年宏农堂《杨氏族谱》载："秀贵，行二，号宝臣，任临湘县外委，迁长沙抚标把总、千总、守备，升独石口都司、游击，诰封武显将军，晋封振威将军。"

根据史志和湘西民间的传说，我们可以了解杨秀贵的人生。

杨秀贵，生于清乾隆壬子年（1792）九月初七日。其父亲杨胜德战死时，他才 3 岁多。虽然有一定抚恤，但孤儿寡母，度日艰难。杨秀贵小时候跟随母亲以砍柴割草为生，长大后，活泼好动，性格外向，好交朋结友。他先在所里（今吉首老城）游击衙门当兵勇，因年轻气盛，顶撞上司，被除名，流落江湖。27 岁才成婚，娶妻向氏。30 岁时，大儿子杨岳斌出生。后经好友父亲的推荐，补入泸溪行伍，从此时来运转。先以荫官任临湘县外委，后升长沙抚标把总、千总、守备，再升直隶独石口都司、游击副将。卒于光绪己卯年（1879）八月初六日，诰封武显将军，晋封振威将军。

杨秀贵去世时，杨岳斌 57 岁，正在“巡阅长江”的任上。

同治三年（1864）七月，湘军攻克南京城后一个月，曾国藩下令解散湘军，湘军陆师与马队从此慢慢解散。唯有湘军水师，因清朝以前一直没有水师，在曾国藩上奏改制的情况下，遂慢慢改为经制的长江水师保存了下来。

但因为承平日久，多年没有战争，慢慢地，水师军队老化，士气不振。在这种情况下，清廷指派原湘军水师另一名将彭玉麟每年奉诏巡阅长江。

又因彭玉麟常年征战，旧伤未愈，身体越来越差，所以上奏请求回家休息，静养治病。有鉴于此，清廷想起回原籍休息的原水师统领杨岳斌来。于是，命令他与彭玉麟一起，巡阅长江。

光绪元年（1875）三月，杨岳斌接到上谕：“杨岳斌著前赴长江一带，每年与彭玉麟往来巡阅，将各营水师认真整顿，并准其会衔奏事。应需办公经费，著两江、湖广各总督筹款，奏明拨交应用。该前督于巡阅之余，随时回籍省亲，仍可借修子职。”

皇上有旨，杨岳斌不得不执行。加之杨岳斌这些年赋闲在家，身体已经恢复。这年才 50 多岁，还算年富力强，重新出来任事，也是理想中的事。接到上谕后，他上折，“会同臣彭玉麟，将水师事宜认真整顿，断不敢有名无实，亦不敢因私废公”。

杨岳斌在巡阅长江的过程中，因为父母身体病弱，多次请求开缺回籍，侍奉父母。

杨岳斌本是个孝子，这几年巡阅长江，只要有时间，都请假回家，陪同父母。无奈父母年岁大了，体弱多病。

光绪五年（1879），杨岳斌父亲卧病在床，难以治愈，母亲又旧病复发。因此，他又请求开缺。他在三月十二日上折中说：“惟是臣父之病势极缠绵，忽轻忽重，百方调治，讫无灵效，辗转床褥，又经五月有余，饮食精神百不如昔，呻吟朝夕苦不忍闻。兼之臣母素有失红之症……今自入春以来，发而难治，服药无效，亦呻吟床簀间一月有奇，饮食甚微，精神渐短。”

可见其父母病情之重，清廷同意他在籍养亲。

这年五月，他的弟弟杨载寿因病去世，享年 54 岁。八月，老父亲杨秀贵病逝，享年 87 岁。几个月之间，连失去两个亲人，杨岳斌悲痛欲绝，无比忧伤。

父亲去世以后，杨岳斌遵循父亲的遗嘱，要将父亲葬于坪山坡原来选定的地方。直到第二年（1880）三月九日午时，正式下葬，定向为酉山卯向。

接着，杨岳斌请人为父亲修建坟墓，打造墓碑，于这年十二月修造完工。

杨秀贵墓按照清朝的形制，修得比较气派。整个墓葬由表柱、墓冢、墓碑等组合而成。

墓碑高 3 米，宽约 2 米，雕刻精细，显得高大气派。

碑文正中为“光禄大夫杨公讳秀贵号宝臣老大人墓”，两边主联为“水净沙明虎啸龙吟真壮丽；前光后裕蛟腾凤起迓休和”，副联为“五色成纹天钟地毓；千祥吉庆霞蔚云蒸”。

碑文右边文字：“公生于乾隆壬子年九月初七日亥时，卒于光绪己卯年八月初六日子时，葬于光绪庚辰年三月九日午时，酉山卯向。”

杨秀贵墓地俯瞰。其墓位于中间山头前右侧，正对着前方笔架似的山

吉首杨秀贵墓及墓碑

碑文左边文字："长男岳斌，孙：正义、懋义、滑义。曾孙：道洪、道瀼、道淇、道潜、道瀊、道源。次男载寿，故，孙树仪。光绪六年岁次庚辰嘉平月榖旦吉立。"

墓碑前立一对大狮子，雕刻工艺精湛，形态毕肖，显得威武雄壮。

墓前平地上立 4 根石柱，每根高 4 米，径约 0.3 米，其中前 2 柱呈圆形，柱首刻狮子；后 2 柱呈八方形，柱首刻大象。

为了给父亲守制，杨岳斌在墓葬下方不远处修建一个孝服堂。主屋为木架结构，一式三间，间墙用竹篾编织，两边糊上石灰白墙。两边建有偏房，左边为茅房，右边为厨房。前有庭院，右前建有土墙门楼。房子不大，但在山中，还算舒适。

杨岳斌在这里守制三年。后招来族弟杨载坤一家来此居住，长期守墓，并买下一些田产，作为守墓人每年的粮食和经济收入。

杨秀贵墓曾多次遭到盗挖、破坏。

民国时期，曾有山下鸦溪人结伙来盗墓，被守墓人发现，并赶走。

"文革"中，因怀疑墓中有金银财宝，生产队组织挖掘。

他们先将坟前的一对狮子砸烂，接着，又把墓碑掀翻，将圈坟的石块放倒。因为墓冢牢固，还动用炸药去炸。其后，撬开棺材。发现里面尸体保存完好，没有腐烂，面色如生。杨秀贵头戴官帽，上身戴有朝珠，脚穿朝靴。尸体取出后，里面并没有发现什么金银财宝，只得重新将尸体放进去，简单埋葬了事。

后来，生产队修建大粪池，又派人将圈坟的石头抬下山，砌了粪池。直到分田到户后，大粪池已经废弃，杨氏家族叫人把石头抬回来，重新砌坟。

20 世纪 70 年代，生产队修建晒谷坪，需要石头夯土。生产队派了一个老石匠，将墓地右前圆形石柱斩断为三截，用于夯晒谷坪。用完后，就抛弃了，所以墓地现仅保存 3 根石柱。

附录四

寻找杨岳斌墓

2011 年，我回到长沙工作后，曾几次萌发去望城寻找杨岳斌墓的想法，也曾多次打听有关情况。有一次，甚至邀朋友一起去寻找了半天，结果无功而返。

后来大学同学聚会，我才知道一位老同学家就是那附近的，当地老人对杨岳斌墓都有印象。

2013 年 12 月 7 日，请老同学带路，终于来到长沙市望城区的白箬铺镇，来寻找杨岳斌墓地。

杨岳斌，原名载福，字厚庵。后因避同治皇帝载淳之讳，改名岳斌。系晚清湘军名将，湖南善化（今长沙）人，出生于湘西乾州（今吉首市）。行伍出身，1853 年，随曾国藩创建湘军水师，后来成为水师大将。因镇压太平军有功，累官至湖北提督、福建陆师和水师提督、陕甘总督，赏一等轻骑尉世职，加太子少保衔。1875 年，受命与彭玉麟整顿长江水师。1885 年，参加中法战争，率军渡台湾，驻军淡水，抗击法军。迫使法军议和，收复国土，再立战功。死后，追赐太子太保，谥勇悫，有《杨勇悫公遗集》(现岳麓书社《杨岳斌集》) 传世。

关于杨岳斌之死，新近整理出版的《杨岳斌集》中神道碑文记载：光绪“十六年（1890）六月二十七日，卒于乾州。距其生道光二年

（1822）十一月初九日，春秋六十有九。”关于杨岳斌的葬地，碑铭又记：“十七年（1891）三月，葬善化河西乡白箬铺西五里墩莲花塘之月形山。”

善化就是现在的长沙市一部分，以前叫善化县。河西是指湘江之西岸，以前称望城县，现析分为望城区和岳麓区。白箬铺倒没有更名，现叫白箬铺镇。五里墩附近俗称莲花塘，原来是一个村，现与另一白鹤村合并，叫龙莲村。月形山据说解放后办了一所学校，经查证，就是现在的白箬中学。掌握了这些地域名称的变化，就容易寻找了。

我们先直奔白箬中学，学校就在原319国道旁边约50米处，以前高速没有开通时，我们经常驱车路过这里，只是没有留意而已。

进入白箬中学，先找保安，问起杨岳斌墓的情况，保安一片茫然。经保安陪同，我们进入校园。穿过一条林荫大道，登上一段阶梯，上面是一个大运动场。运动场是从山顶开挖出来的，从挖掘的痕迹看，这里原来是一个半圆形山头，因为形状如弯月，故名月形山。这里地势高耸，整个山势从平地中拔地而起，突兀成峰，因而视野开阔，高瞻远瞩，本是一块风水宝地。杨岳斌墓选择在这里，自然是经过精心选择的。只是经过操场的挖掘平整，原墓葬已经找不到一丝痕迹。问学校老师，老师也一点不知情。

我们只得走出校门，找校园下方的一家农户了解。一位约50岁左右的妇女不知道杨岳斌，但知道杨载福，她告诉我们，去山后找一位叫李思进的老支书，他知道很多。于是我们又去找老支书。

下得后山，只见一位老农在砂石路上拖着板车。我们向他打听老支书，原来就是他，真是巧合。

老支书今年70岁，满头白发，精神矍铄。听说我们找杨岳斌墓地，十分热情，连忙把我们请进附近家中，烧水泡茶，和我们聊起来。他原来是五里墩村的支书，对杨岳斌墓地及搬迁情况，了如指掌，便给我们介绍起来。

杨岳斌墓原是附近最壮观的墓葬，分碑亭、墓庐、墓冢。长沙至宁乡公路修建前，这里是一条古驿道。靠驿道北侧有一个御碑亭。御碑亭

杨翔找到并运回吉首的“清杨勇悫公墓”碑

为圆形柱状，内立石碑一块。石碑高 3 米，宽 2 米，正面镌刻着“文官到此下轿”“武官到此下马”。离此约 500 米，在月形山的中部偏东南方向，有一幢墓庐。墓庐坐东朝西，青砖砌成，北端有一石门。进入石门，是院内天井。天井内有一神道碑，背东向西，高 2.8 米，宽 1.2 米。正面石刻阴文“皇清诰授光禄大夫太子太保陕甘总督世袭一等轻车都尉杨勇悫公神道碑铭……”。墓庐北偏西约 200 米，是杨岳斌墓。墓前设有拜祭坪，两旁石牛、石马、武将、文臣各二。石刻雕凿精细，线条流畅。墓后立青石墓碑，中间的主墓碑上镌刻“杨勇悫公之墓”。

杨岳斌墓经过 1958 年、1975 年和 1979 年三次破坏。1958 年秋冬大兴水利中，御碑亭和墓前的石牛、石马、石人被填入跃进路路基。墓庐在白箬铺乡政府成立初期，作过办公用房，后办过幼儿园。在 1958 年修建五里小学时，墓庐的青砖和大部分木材被拆除，作为校舍的建筑材料。神道碑一分为二，右半部分仰卧在草堂湾组李焕文家前的一口小塘边，左半部分被压在五良公路柳树坝的坝基下。

1975 年，村里兴办五里机砖厂，拆除了坟墓，墓碑成为莲花塘简易公路兼渠道的基石。拆除时，发现墓室以青砖围砌，用糯米饭、瓷片结墓。棺木由檀香木制成，头部有一瓷坛，内存毛皮纸一张，黑色文字注明杨岳斌名号、生卒时间等。该墓便就近简单改葬。

1979 年，建设白箬中学操场时，遗骨被再次迁移，迁到附近叫黄家大山的一凸处，也靠近简易公路。据说前几年其后人来扫墓，将遗骨又迁走了，现在已经找不到他的坟墓了。

李支书告诉我们，目前这一带正在搞新农村建设，将打造成长沙甚至湖南最美乡村，还准备开发旅游。这里离宁乡关山也很近，那里正在打造关公文化园。要是杨岳斌墓保存下来，将是很好的人文景观，可惜现在已经荡然无存了。

是的，杨岳斌不仅是湘军名将，也是一个爱国将领，如果有机会修复墓葬，不仅为湖湘文化增添内涵，也将是对后人进行爱国主义教育的场所。希望引起地方政府重视，至少在原址上立一块碑，介绍其生平事迹，以供后人瞻仰和祭奠。

主要参考文献

赵尔巽. 清史稿 [M]. 北京：中华书局，1998.

李元度. 国朝先正事略 [M]. 长沙：岳麓书社，2008.

杨岳斌集 [M]. 长沙：岳麓书社，2012.

王闿运，郭振墉，朱德裳，等. 湘军史料四种 [M]. 长沙：岳麓书社，2008.

朱孔彰. 中兴将帅别传 [M]. 长沙：岳麓书社，2008.

曾国藩全集 [M]. 长沙：岳麓书社，2011.

江忠源集王鑫集 [M]. 长沙：岳麓书社，2013.

胡林翼集 [M]. 长沙：岳麓书社，2008.

彭玉麟集 [M]. 长沙：岳麓书社，2008.

郭嵩焘全集 [M]. 长沙：岳麓书社，2012.

张葆连，刘坤一. 光绪新宁县志 [M]. 长沙：岳麓书社，2011.

罗尔纲. 太平天国史 [M]. 北京：中华书局，2009.

史景迁. 太平天国史 [M]. 桂林：广西师范大学出版社，2011.

杨奕青，唐增烈. 湖南地方志中的太平军史料 [M]. 长沙：岳麓书社，2010.

王盾. 湘军史 [M]. 长沙：湖南大学出版社，2007.

萧一山. 曾国藩传 [M]. 海口：海南出版社，1994.

易孟醇. 曾国藩传 [M]. 长沙：湖南大学出版社，2009.

王纪卿. 湘军 [M]. 桂林：广西师范大学出版社，2008.

钟启河. 湘军与台湾 [M]. 福州：海风出版社，1998.

杨正仪，杨懋仪，杨溍仪. 杨勇悫公事略 [M]. 刻本. 南京图书馆藏书 GJ/KB0724.

沈云龙. 近代中国史料丛刊续编：第 74 辑 [M]. 台北：文海出版社，1980.

杨序凯. 长江七省水师提督李成谋 [M]. 北京：中国文史出版社，2011.

孔凡华. 晚清政局中的杨岳斌 [D]. 长春：东北师范大学，2009.

吴明轩. 从青黄不接到中兴砥柱：清代湘军水师的创建与征战始末 [D]. 台中："国立"中兴大学，2020.

罗中. 踞地为质与保全边圉：杨岳斌抗法护台策略述评 [J]. 清史论丛，2017（2）：276—314.

舒宗庆. 忠昭日月永垂两岸：纪念杨岳斌统领乾军驱法护台胜利 125 周年 [N]. 团结报晚报版，2010-11-21（B03）.

吉首大学杨岳斌研究所. 湘军护台史料钩沉：第 1—4 册（内部资料）

杨岳斌诞辰 195 周年暨湘军护台历史文化研讨会论文集（内部资料）

吉首市政协文史学习委员会. 吉首文史资料：第 1—20 辑（内部资料）

图书在版编目(CIP)数据

杨岳斌传/范诚著.—长沙:岳麓书社,2023.6

ISBN 978-7-5538-1649-4

Ⅰ.①杨… Ⅱ.①范… Ⅲ.①杨岳斌—传记 Ⅳ.①K827=52

中国版本图书馆 CIP 数据核字(2022)第 196919 号

YANG YUEBIN ZHUAN

杨岳斌传

作　　者:范　诚

策划编辑:刘　文

责任编辑:刘小敏

责任校对:舒　舍

封面设计:罗志义

书名辑字:杨岳斌《杨氏族谱后序》

岳麓书社出版发行

地址:湖南省长沙市爱民路 47 号

版次:2023 年 6 月第 1 版

印次:2023 年 6 月第 1 次印刷

开本:640mm×960mm　1/16

印张:14

字数:210 千字

ISBN 978-7-5538-1649-4

定价:69.00 元

承印:长沙鸿发印务实业有限公司

如有印装质量问题,请与本社印务部联系

电话:0731-88884129